Eliana Marcello De Felice

A formação da personalidade

A criança de 1 a 5 anos

Volume 2

Editora
IDEIAS &
LETRAS

DIREÇÃO EDITORIAL:
Marcelo C. Araújo

COPIDESQUE:
Camila de Castro Sanches dos Santos

EDITOR:
Avelino Grassi

REVISÃO:
Benedita Cristina G. N. da Silva
Leila Cristina Dinis Fernandes

COORDENAÇÃO EDITORIAL:
Ana Lúcia de Castro Leite

PROJETO GRÁFICO:
Junior dos Santos

© Ideias & Letras, 2013

Rua Diana, 592, Conj. 121, 12º andar
Perdizes – São Paulo-SP
CEP 05019-000
Tel. (11) 3675-1319
vendas@ideiasletras.com.br
www.ideiaseletras.com.br

Dados Internacionais de Catalogação na Publicação (CIP)
(Câmara Brasileira do Livro, SP, Brasil)

De Felice, Eliana Marcello
A formação da personalidade: a crianças de 1 a 5 anos / Eliana Marcello De Felice. - São Paulo: Ideias & Letras, 2013. - (Coleção O mundo psicológico de seu filho; 2)

ISBN 978-85-65893-37-4

1. Pais e filhos 2. Personalidade em crianças 3. Psicologia do desenvolvimento 4. Psicologia infantil I. Título. II. Série.

13-04885   CDD-155

Índices para catálogo sistemático:

1. Filhos e pais: Relacionamento: Psicologia do desenvolvimento 155
2. Pais e filhos: Relacionamento: Psicologia do desenvolvimento 155

Introdução 5

De bebê a criança 9

Alimentação 13

A chupeta e o dedo 19

Sono 23

Acessos de birra e raiva 29

A retirada das fraldas 33

Chegou a fase do "não"! 41

Sexualidade 45

A relação com o pai 49

O "triângulo" amoroso 53

Perguntas e curiosidades 59

A chegada de um irmãozinho 63

Brincar 69

A entrada na escola 71

Progressos no desenvolvimento motor, intelectual e da linguagem 77

A formação da personalidade – A criança de 1 a 5 anos

Educação e limites 81

Quando os pais trabalham 87

O filho adotivo 93

As dificuldades no desenvolvimento 99

Introdução

Os livros desta coleção dirigem-se aos pais. Pais que esperam seu filho nascer e pais de crianças e adolescentes. Pais que desejam conhecer mais profundamente o mundo psicológico de seus filhos para acompanhá-los em suas diferentes etapas do crescimento.

O convívio diário familiar é repleto de alegrias e novas descobertas que os filhos proporcionam aos pais. Mas é também palco de conflitos e dificuldades que surgem naturalmente em qualquer ambiente familiar. Não são poucas as situações que provocam nos pais sensações de perplexidade, angústia e muitas dúvidas diante dos comportamentos e das reações dos filhos. Muitas vezes, os pais gostariam de conhecê-los melhor, de compreender o que eles vivenciam e saber por que reagem e se comportam dessa ou daquela maneira. Gostariam de acompanhar mais de perto as experiências de vida dos filhos, mas nem sempre conseguem entendê-los e colocar-se no lugar deles. Gostariam de poder ajudá-los nos períodos de tormentas e dificuldades que encontram em seu crescimento, mas não sabem como fazê-lo. Ou ainda gostariam de entender por que a fase específica em que os filhos se encontram afeta tanto a eles próprios, fazendo com que se sintam incapazes de lidar melhor com as situações que se apresentam.

A formação da personalidade — A criança de 1 a 5 anos

Por meio destes livros, desejo prestar alguma ajuda aos pais nessa tentativa de compreenderem melhor seus filhos. Sabemos que essa compreensão favorece a aproximação entre pais e filhos e contribui de forma muito positiva para as relações entre eles. Com esse objetivo em mente, procurei levar aos pais um pouco dos conhecimentos que pude adquirir em mais de 30 anos de experiência como psicóloga clínica de crianças e adolescentes.

O primeiro volume refere-se ao período da gravidez e primeiro ano de vida. Para favorecer a vinda do bebê ao mundo em condições psicológicas satisfatórias, é preciso cuidar da saúde emocional da gestante e do pai do bebê. Sendo assim, é também deles que o livro trata, abordando as experiências emocionais mais comuns vividas pelos pais nesse período em que aguardam pelo nascimento de seu filho. O primeiro ano de vida, tão fundamental para a formação dos vínculos mãe-bebê e pai-bebê, é descrito considerando-se as primeiras experiências do bebê no mundo e seu desenvolvimento ao longo desse período.

O segundo volume trata do mundo psicológico da criança de 1 a 5 anos. É uma etapa em que os vínculos familiares têm importância central para a estruturação da vida emocional da criança e na qual ela vive experiências marcantes em seu desenvolvimento. Retirar as fraldas, ganhar um irmão e entrar na escola são algumas das experiências de que o livro trata.

O terceiro volume dirige-se aos pais de crianças de 6 a 12 anos, isto é, até o momento que antecede o início da puberdade. Essa é uma fase de grandes mudanças na

Introdução

vida da criança e em suas relações com o mundo e a família. O livro procura abordar as questões mais importantes e significativas que fazem parte dessa etapa da vida infantil.

O quarto volume trata da puberdade e adolescência. Nessa fase de grandes transformações no comportamento, nas vivências e necessidades dos filhos, os pais desejam entendê-los melhor, a fim de saber como lidar com eles e contribuir positivamente para sua evolução em direção à fase adulta. O livro trata das principais situações que fazem parte dessa fase, incluindo as conquistas, necessidades, angústias e rebeldias que acompanham o processo de "adolescer".

Atualmente, a psicologia já faz parte da vida das pessoas, sendo reconhecida como uma ciência preocupada com o bem-estar e a saúde mental do homem e que ajudou a desvendar a importância da infância e adolescência no desenvolvimento do indivíduo. É dessas fases da vida que dependem, em grande parte, a saúde mental do ser humano e a possibilidade de preparar um caminho benéfico para se chegar à vida adulta. Esta coleção pretende ajudar os pais a facilitar e promover um crescimento saudável pela jornada do viver de seus filhos. Espero que o leitor possa ver realizada essa intenção.

Eliana Marcello De Felice

De bebê a criança

Muitas mudanças ocorrem na vida de uma criança entre o segundo e o sexto ano de vida! É como se, nesse tempo, ela se tornasse uma outra criança, totalmente diferente do bebezinho que era, que os pais cuidavam, davam de mamar, levavam para passear no carrinho... As inúmeras conquistas que a criança faz nesse período trazem muitas alegrias aos pais, mas também podem trazer uma grande nostalgia pelo bebê que eles tinham até pouco tempo atrás.

Agora, cada vez menos, eles têm um bebê para cuidar. Com suas novas conquistas, a criança vai se tornando, pouco a pouco, capaz de fazer muitas coisas e ficando cada vez mais independente dos pais. A primeira grande capacidade que a criança adquire nessa fase é a de andar, que faz com que se ampliem seus horizontes e fronteiras. Ela

A formação da personalidade – A criança de 1 a 5 anos

já pode afastar-se dos pais quando quer, além de ir em busca das coisas que deseja. Depois disso, muitas outras conquistas vão se agregando, pois o desenvolvimento físico, motor, intelectual e psicológico é muito veloz na faixa entre 1 e 5 anos de idade.

Todas as novas conquistas dão à criança maior autonomia e liberdade, o que ela gosta muito de experimentar. Por exemplo, quando aprende a andar, ela quer fazê-lo sozinha, quer pegar as coisas por si mesma e não aceita que façam tudo por ela. Essa torna-se uma fase muito gostosa e divertida para a família, mas também bastante cansativa, pois os pais precisam cuidar o tempo todo para que a criança não caia ou se machuque, não ponha coisas pequenas na boca, não ponha a mão nas tomadas, não pegue tesouras, não caia na piscina, não ponha a mão no fogo... Os pais sabem quantas são as suas preocupações, o que os torna extremamente cuidadosos com os filhos nessa fase.

Pouco a pouco a criança vai adquirindo maior capacidade de discernir as coisas e maior autonomia, chegando a ser capaz, aos 5 anos de idade, de tomar banho sozinha, de se pentear e se vestir, de guardar seus brinquedos, além de muitas outras coisas.

Porém, é bom saber que a independência que a criança vai alcançando apresenta altos e baixos, quer dizer, vai e volta. Há momentos em que ela se mostra muito independente dos pais, mas em outros ainda parece um bebê, solicitando muito os pais e recorrendo a eles em diversos momentos, principalmente quando está em dificuldades. Em meio a essas oscilações, a criança vai crescendo e se desenvolvendo.

É sempre interessante que os adultos estimulem a independência da criança e não tentem mantê-la dependente deles, como se ela ainda fosse um bebê. Perceber do

De bebê a criança

que a criança é capaz para permitir que ela dê asas a sua independência é muito bom para incentivá-la a crescer e amadurecer. Sabendo que os pais estão disponíveis para quando ela precisar, a criança sente-se segura para explorar o mundo e viver novas experiências que contribuirão para enriquecer sua mente e ampliar seus horizontes.

Alimentação

Um aspecto que muda muito na vida da criança a partir de 1 ano de idade é sua alimentação, que vai tornando-se cada vez mais variada. O desmame pode ter sido recente e a criança passa a experimentar diversos tipos de novos alimentos. Muitas crianças ainda fazem uso da mamadeira em seu segundo ano de vida, geralmente pela manhã e à noite. A mamadeira é, de certa forma, um substituto do seio materno para a criança e ela pode relutar bastante para substituí-la pelo copo ou caneca. A mamadeira pode oferecer à criança prazer, tranquilização e alívio para suas ansiedades, assim como o seio lhe oferecia.

A partir dos 2 anos de idade, a mãe pode, com tato e paciência, ajudar a criança a abandonar aos poucos a mamadeira, estimulando-a para o uso do copo e elogiando-a por seu crescimento. Sabemos que crescer pode ser uma difícil tarefa emocional para

A formação da personalidade – A criança de 1 a 5 anos

a criança, que muitas vezes encontra grande satisfação em permanecer pequena e apegada às gratificações da época em que era um bebê.

Algumas crianças adaptam-se muito bem às mudanças em sua alimentação após o desmame e passam a gostar muito dos alimentos sólidos, dos sucos e frutas, embora todas possuam suas preferências. Mas outras são mais difíceis para comer e começam a ter muitos caprichos alimentares. A adaptação que se segue à perda do seio materno pode estar sendo mais difícil para essas crianças. Estimular a criança a comer, procurando dar-lhe coisas que gosta, sem no entanto forçá-la ou obrigá-la para isso, pode ser a melhor maneira de lidar com suas dificuldades de alimentação.

Os problemas alimentares da criança podem ser transitórios e provocados por algum fator externo. Uma nova gravidez da mãe, a entrada na escolinha, uma doença na família ou a separação dos pais são algumas das situações que podem levar a um período de transtornos alimentares na criança.

Sabemos que um filho que não come bem provoca muita angústia na mãe, que passa a se preocupar com sua saúde, ao mesmo tempo que pode culpar-se e sentir-se rejeitada por ele. Mas a paciência da mãe e sua tranquilidade para aguardar até que passe esse período costumam ajudar para que a alimentação da criança se normalize. Geralmente, são a compreensão dos pais e sua tolerância diante dos problemas alimentares do filho, sem tentativas persistentes para forçá-lo a comer, que favorecem a resolução das dificuldades alimentares.

Alimentação

É importante também considerar que existem crianças que comem mais, outras menos, dependendo inclusive do organismo de cada criança. Percebendo essas características dos filhos, a mãe saberá que não adianta ficar aflita e apreensiva por causa de um filho que come menos e se sente nutrido e satisfeito com uma alimentação menos farta.

Conforme vai crescendo, toda criança passa a mostrar seus gostos e preferências alimentares. Dificilmente uma criança come tudo, e se ela estiver acostumada com uma alimentação saudável, é natural que existam alguns alimentos de que ela não goste.

Mas algumas crianças podem apresentar aversão a uma grande quantidade de alimentos, fazendo com que sua alimentação se torne muito restrita. Por exemplo, um menino de 4 anos de idade praticamente só comia arroz, bife e batatas fritas, além de doces. Se a família ia comer fora de casa, ele só queria sanduíches de uma lanchonete específica de que ele gostava muito. Recusava-se a comer uma grande variedade de alimentos, como feijão, saladas, verduras, legumes e frutas. Sua mãe se desesperava, temendo que ele enfraquecesse e tivesse muitas carências nutricionais. Porém, não adiantava tentar persuadi-lo para comer outras coisas além daquelas de que ele gostava.

As dificuldades alimentares desse menino tinham sua origem nos princípios de sua vida, já na relação mais inicial com a mãe e com a amamentação. Quando ele estava para nascer, sua avó materna faleceu repentinamente, deixando sua mãe muito deprimida. Posteriormente, a mãe percebeu como esse período inicial da vida do filho foi difícil e como ela não se sentia emocionalmente disponível para ele, em função do luto que estava vivendo. Essa situação emocional afetou a relação mãe-bebê e a amamentação, que foi breve e pouco satisfatória.

A formação da personalidade – A criança de 1 a 5 anos

Sabemos que a alimentação possui íntima relação com essas experiências precoces ligadas ao vínculo mãe-bebê. A mãe desse menino teve, um dia, uma percepção interessante a respeito das dificuldades alimentares do filho. Ela pensou que, em seus pedidos insistentes pelas mesmas comidas, ele talvez estivesse pedindo a ela o "seio bom e gostoso" que ele não teve. Isso fez com que ela se tornasse mais paciente e compreensiva para lidar com as dificuldades alimentares do filho, o que ajudou muito para que, aos poucos, ele aceitasse experimentar outros alimentos.

Algumas crianças apresentam o problema oposto daquele que estamos considerando, que é a alimentação excessiva. Esta também pode estar relacionada com fatores psicológicos e emocionais. Por exemplo, um menino de pouco mais de 1 ano de idade começou a comer excessivamente, desde que sua irmãzinha nasceu. Nessa época, ele reagiu intensamente ao nascimento da irmã, demonstrando claramente seu ciúme e medo de perder o afeto da mãe. Quando via a irmã sendo amamentada, ele ficava furioso, agredindo a mãe e pedindo para mamar no seio também, apesar de seu desmame ter ocorrido aos 6 meses de idade.

Sua inveja e ciúme do vínculo entre a mãe e a irmãzinha eram intensos. Ao comer excessivamente, esse menininho parecia procurar uma forma de "compensação" pela falta que sentia da mãe e pela necessidade de renunciar a sua posse exclusiva para dividi-la com a irmã. Por não conseguir superar totalmente seus conflitos, ele crescia mantendo a necessidade excessiva de comida e aos 3 anos estava tornando-se uma criança obesa.

Como vemos, geralmente as dificuldades alimentares da criança possuem relação com fatores emocionais. É sempre bom quando os pais conseguem ter alguma percepção desses fatores, que podem estar na origem dos problemas alimentares do filho, a fim de ajudá-lo a superar suas dificuldades.

Os adultos também possuem uma forte relação emocional com a comida. Por exemplo, uma pessoa, quando se sente carente e desejosa de mais atenção por parte dos outros, pode passar por um período em que come mais do que habitualmente. Inconscientemente, essa pessoa pode estar buscando na comida o afeto e o conforto que encontrava no "seio materno". Outra, quando se sente angustiada porque enfrentou a separação com alguém que lhe era importante, pode perder completamente o apetite. Para ela, essa separação pode evocar antigas angústias que se relacionavam com a situação do desmame e da perda do "seio amoroso". Assim também são as crianças, cuja relação com a mãe é intensa e permeada de fortes sentimentos, tanto de amor quanto de raiva. A criança pode recusar-se a comer em algum dia, simplesmente porque ela está com muita raiva da mãe, que lhe negou um pedido e a deixou frustrada.

Mas devemos considerar que, além de fatores emocionais, a educação para a alimentação também influi muito sobre a forma como a criança se alimenta. Educá-la para a aquisição de hábitos alimentares saudáveis, como ter horários para as refeições, ter em casa alimentos ricos em nutrientes, evitar a compra excessiva de balas, doces, salgadinhos e refrigerantes, acostumar a criança a comer os alimentos salgados antes dos doces etc. são medidas que ajudam a criar nas crianças uma rotina alimentar mais adequada.

A chupeta e o dedo

As crianças que até 1 ano de idade chupavam o dedo provavelmente ainda conservarão esse hábito durante um tempo, que pode ser mais longo ou mais curto, dependendo da criança, o mesmo ocorrendo com relação à chupeta. A sucção permanece para a criança como uma atividade prazerosa e que lhe serve para obter tranquilidade e consolo, sendo especialmente necessária nos momentos em que ela se encontra ansiosa, triste ou mesmo com sono.

Os pais não precisam preocupar-se com esse hábito da criança, principalmente enquanto ela é pequena, pois ela ainda necessita recorrer às formas de prazer e satisfação que eram próprias da fase em que era um bebê. Somente quando a criança chupar o dedo ou a chupeta durante grande parte de seu dia, desinteressando-se de outras atividades, ou realizar a sucção com muita sofreguidão, parecendo angustiada

A formação da personalidade – A criança de 1 a 5 anos

e insegura, os pais terão de averiguar o que está havendo com o filho. Pode haver uma razão externa para esse comportamento da criança, como a mãe começar a trabalhar ou o nascimento de um irmão, ou pode haver uma razão interna, um conflito que está causando angústias na criança.

Por exemplo, um menininho de 1 ano e meio foi desmamado muito cedo, com apenas 3 meses de idade, pois sua mãe voltou ao trabalho já nessa época. A avó que passou a cuidar dele no período do dia percebeu que pouco tempo depois do desmame e da volta da mãe ao trabalho, ele começou a chupar fortemente o dedo e com muita ansiedade, chegando a deixar seu polegar muito machucado. Esse comportamento persistia ao longo do segundo ano de vida do menino e revelava que ele não havia lidado bem com sua ansiedade pela perda da amamentação e pela separação da mãe. Conversando com um psicólogo, a mãe foi orientada a procurar dar ao filho uma atenção especial quando chegasse em casa e também aos fins de semana, para tentar minimizar seu pesar pela falta que ela lhe fazia.

Mas nessa fase da vida da criança geralmente a vontade de sugar vai diminuindo aos poucos. A maior parte delas já terá abandonado esse hábito ao chegar aos 5 anos. Mas é sempre melhor não forçá-la para isso, e sim deixar que ela o faça espontaneamente. O que os pais podem fazer é estimular a criança a abandonar a chupeta ou a sucção do polegar, mostrando-lhe que ela já está grande e que talvez não precise mais disso. Podem sugerir-lhe guardar a chupeta em um local da casa, como uma gaveta ou um armário, tentando ficar sem ela, mas dizendo-lhe que

A chupeta e o dedo

pode solicitá-la quando tiver muita necessidade. Ao mesmo tempo, podem elogiar a criança quando conseguir ficar bastante tempo sem a chupeta ou sem sugar o dedo, apontando os progressos e as conquistas que ela tem obtido com seu crescimento.

Mas é importante que a criança participe da decisão de abandonar o hábito da sucção e que os pais não a obriguem a parar de chupar o dedo, nem escondam ou joguem fora a chupeta sem o consentimento dela. Isso poderia causar uma grande mágoa na criança, seguindo-se uma fase de irritabilidade e de angústia diante da retirada brusca de um apoio que ainda podia ser-lhe necessário.

Sono

Com 1 ano de idade, geralmente as crianças dormem duas vezes por dia, após o almoço e à noite. Aos poucos, o sono da tarde deixa de ser necessário, permanecendo apenas o sono noturno. Este pode ser muito turbulento e tumultuado durante alguns anos de vida da criança, deixando os pais cansados e exauridos. Ela pode relutar em dormir, chamar os pais diversas vezes à noite, pedindo água, dizendo que está com medo do escuro... Esse comportamento pode ter diversas razões.

Uma dessas razões é que a criança se sente insegura de deixar a proteção dos pais para ficar sozinha em seu quarto, com seus próprios pensamentos, medos, sentindo-se solitária e desamparada. Ela precisa enfrentar o fato de crescer e ter de se separar dos pais, principalmente da mãe, o que não é nada fácil. Pedir água à noite pode significar uma forma de pedir de volta o seio materno e a presença constante da mãe. Os

A formação da personalidade – A criança de 1 a 5 anos

pais podem ficar um pouco com ela na cama, lendo historinhas e conversando, até que ela fique mais tranquila e consiga dormir.

Muitas vezes, a noite é o único momento em que os pais dispõem de algum tempo para dar atenção aos filhos, por trabalharem o dia todo e pelas atribulações do dia a dia das famílias. Por esse motivo, a criança pode desejar "segurar" um pouco mais o pai ou a mãe perto de si antes de dormir, a fim de obter uma atenção de que está sentindo falta. É importante observar isso, pois os pais poderão ficar mais sensíveis a uma necessidade do filho que não tinha sido até então percebida.

Nesse caso, nada melhor que dedicar um tempo da noite, antes de a criança dormir, para ficar com ela, seja brincando, lendo livrinhos ou apenas conversando. Geralmente as crianças adoram conversar com os pais! Gostam de contar como foi seu dia, o que fizeram, com quem brincaram, as novidades. Isso lhes ajuda a processar internamente os acontecimentos do dia, as situações vividas. E a atenção dos pais naquele momento tem para elas um valor essencial, em que eles demonstram interesse por sua vida e por suas experiências, deixando-a orgulhosa e com a sensação de ser importante e amada. Quinze ou vinte minutos dessa atenção antes de dormir pode fazer com que a criança consiga dormir tranquilamente pela noite toda!

Mas é sempre importante que a criança seja estimulada a dormir em sua própria cama e não se acostume a dormir com os pais, pois isso criaria um hábito difícil de ser retirado futuramente, além de não ajudar a criança em seu processo de crescimento. Ter consigo um bichinho de pelúcia de que ela gosta muito, uma fraldinha ou a chupeta

são outras formas que a criança encontra para minimizar seu desamparo e sentimento de solidão na hora de dormir.

Outra razão para as perturbações do sono da criança é seu ciúme pelo fato de deixar os pais juntos e ter de ficar excluída da relação entre eles. Ou mesmo ter ciúme pelos irmãos maiores poderem ficar mais tempo com os pais e terem uma vida da qual ela não pode compartilhar quando precisa ir dormir. O mundo a seu redor e o ambiente familiar são muito interessantes para a criança pequena, e ela pode não querer deixar tudo isso para se recolher sozinha em seu quarto.

Quando a criança tem horários mais ou menos estabelecidos para dormir, ajuda na criação de uma rotina que organiza seu sono. Pode demorar, mas com o tempo ela se acostumará com seus horários e com a regularidade de seus ciclos de vigília-sono.

Os pesadelos, que costumam acordar as crianças no meio da noite, são outra causa de sono agitado. Os sonhos maus e pesadelos geralmente perturbam muito as crianças pequenas, pois elas ainda não conseguem distingui-los claramente da realidade. Por exemplo, se ela sonhou com um leão que iria comê-la, ela pode acordar muito assustada e acreditar que tem um leão atrás da cortina. Nessa hora, os pais terão de acalmá-la, conversar com ela, acolhendo-a e aguardando até que ela consiga tranquilizar-se para poder dormir novamente. Seus sonhos e pesadelos relacionam-se em parte com seu próprio mundo de sentimentos e emoções, com o qual ela ainda está aprendendo a manejar e conviver mais harmoniosamente.

A formação da personalidade – A criança de 1 a 5 anos

Os "terrores noturnos" também podem afligir as crianças, que acordam apavoradas, chorando e gritando, mas sem saber dizer nada sobre o que lhes causou aquilo. Na verdade, a criança pode nem estar totalmente acordada e no dia seguinte não se lembrará do ocorrido.

Se os pesadelos e terrores noturnos forem muito frequentes, ocorrendo quase todas as noites, os pais podem precisar conversar com um profissional para averiguar as razões emocionais desse sintoma da criança.

Para algumas crianças, é importante realizar certos rituais na hora de dormir. Por exemplo, precisam arrumar seus brinquedos de um determinado jeito, dispor seu ursinho e sua boneca sempre do mesmo modo em um travesseiro ao lado, ou ainda certificar-se de que as janelas estão fechadas. Esses rituais possuem algum sentido para a criança, provavelmente relacionado a alguma angústia e um conflito que ela esteja vivenciando. Eles tendem a ser passageiros, desaparecendo conforme a criança for conseguindo manejar a situação emocional que motivou seu aparecimento.

Existem casos, porém, nos quais os rituais da criança se tornam excessivamente rígidos, demorados e meticulosos, trazendo a necessidade de se averiguar mais a fundo o que está ocorrendo no mundo emocional da criança. Por exemplo, um menino de 4 anos começou a realizar alguns rituais para dormir, como dispor seus brinquedos na estante de um determinado jeito e dobrar suas cobertas de forma meticulosa. Os pais inicialmente encaravam como natural o comportamento do filho, mas passaram a se preocupar quando os rituais se tornaram cada vez mais minuciosos, demorados e começaram a se expandir para diversos tipos de detalhe. Com 5 anos de idade, esse menino levava bastante tempo antes de dormir dedicando-se a arrumar seus brinquedos no quarto, como ordenar seus carrinhos do maior para o menor, em fila, organizar seus soldadinhos um ao lado do outro, todos em pé, além de outros detalhes relacionados à disposição das cobertas.

Os pais puderam dar-se conta de que o filho devia estar com dificuldades emocionais e procuraram ajuda. De fato, o profissional que atendeu o menino percebeu a existência de conflitos relacionados a impulsos que a criança julgava muito perigosos. Os rituais eram formas de controle desses impulsos, porém tornavam-se patológicos, na medida em que não solucionavam seu conflito e impediam que ele pudesse conviver mais harmoniosamente com seu próprio mundo emocional de impulsos e fantasias.

Acessos de birra e raiva

Os pais de crianças pequenas muitas vezes precisam enfrentar as difíceis crises de birra e raiva dos filhos. Isso é mais comum acontecer quando a criança se sente cansada, frustrada, magoada ou enciumada. Nesses momentos, ela costuma ficar com muita raiva dos pais, colocando neles toda a culpa por seu desconforto e incômodo, imaginando que eles poderiam evitar tudo isso, se quisessem. Quanto menor a criança, mais ela tende a achar que os pais são pessoas "todo-poderosas", capazes de propiciar-lhe tudo de bom, demorando ainda um tempo para percebê-los de modo mais realista, ou seja, como seres humanos com limites e como pessoas que não são capazes de tudo.

A criança nessa fase vai aprendendo aos poucos a controlar e manejar sua própria raiva. Mas no início dessa fase, quando ela é ainda pequenininha, não consegue fazer isso. Suas crises de birra podem ser muito fortes e manifestar-se diante de qualquer

A formação da personalidade – A criança de 1 a 5 anos

frustração de seus desejos e vontades. Se ela quer um doce ou um brinquedo e não recebe dos pais, grita, esperneia, atira-se no chão...

A criança pequena ainda não consegue enfrentar muito bem as frustrações, essa é uma aprendizagem que vai realizando-se aos poucos. Para isso acontecer, é necessário que ela experimente algumas frustrações, não recebendo sempre tudo o que quer. Isso vai requerer que os pais suportem em alguns momentos os choros e as crises de birra dos filhos, tentando acalmá-los, segurá-los com firmeza, ajudando-os a suportar a experiência da frustração.

Mas não adianta esperar que a criança pequenininha aceite facilmente os "nãos"; ela precisa de tempo para que seu amadurecimento psicológico lhe permita fazer isso de forma mais tranquila. Nessa fase, gradualmente ela irá adquirindo as condições necessárias para apresentar reações mais evoluídas às frustrações e aos descontentamentos. Mas enquanto é pequena, nada melhor do que um pouco de paciência para lidar com ela.

A atitude dos pais diante das birras e dos acessos de raiva do filho pode ajudar para tornar esses momentos menos estressantes. É claro que às vezes os pais estão mais impacientes e nervosos, mas é sempre bom quando eles evitam reagir ao acesso de raiva do filho com outro acesso de raiva. Nesse caso, a criança pode sentir-se assustada e desamparada diante de seus próprios sentimentos, ainda mais se ela for pequena. Quando os pais conseguem conter o filho, aguentando firmes, sem se desestruturar diante da situação e esperando até que ele se acalme, o filho pode verificar que sua raiva não é destrutiva e pode sentir que os pais são capazes de acolhê-lo nessas ocasiões.

Esse acolhimento não significa deixar de colocar limites à criança. Pelo contrário, a criança precisa ser impedida, por exemplo, de quebrar coisas ou de bater nos outros nesses momen-

Acessos de birra e raiva

tos, pois isso a faria sentir-se assustada com os efeitos de sua raiva e com a sensação de viver algo que não pode ser controlado. O acolhimento dos pais implica que eles não se "assustem" muito com a crise do filho e que sejam capazes de aguentar a situação sem agredi-lo. Algumas vezes, o simples fato de os pais se recusarem a entrar na briga da criança já é muito bom.

Em muitos momentos, a criança precisa ver que os pais suportam seu ódio e entendem que ele faz parte de seus sentimentos com relação a eles. Quantos pais já não ouviram de seus filhos frases como: "Eu te odeio!" ou "Quero outros pais, quero que vocês desapareçam!". Dói muito para os pais ouvirem isso dos filhos, mas sabemos que o ódio, ao lado do amor, existe em todas as relações. Se nos momentos em que a criança diz isso os pais se desestruturam emocionalmente ou a censuram fortemente, ela pode sentir-se culpada e com a sensação de que esses são sentimentos muito maus e inaceitáveis, precisando escondê-los e reprimi-los.

A mãe de uma menina de 5 anos encontrou uma forma de responder à filha numa crise de raiva que foi muito tranquilizadora para a menina. Esta queria ficar mais tempo brincando com seus amiguinhos do prédio, mas a mãe não deixou, pois já era tarde e ela tinha de tomar banho e ir se deitar. A filha ficou furiosa! Disse à mãe que ela era muito chata, que todas as outras mães eram melhores do que ela e que a odiava. A mãe não se abalou com a reação da filha e disse-lhe simplesmente: "Sei que agora você está me odiando, mas depois isso passa". Pouco depois já estavam as duas amorosamente ligadas, como normalmente. Com sua resposta à filha, a mãe demonstrou que compreendia e aceitava seus sentimentos raivosos, e não se abalava com eles. Dessa forma, contribuiu para que a menina convivesse com sua hostilidade por quem ela amava, sem se sentir excessivamente culpada.

A formação da personalidade – A criança de 1 a 5 anos

Compreender as razões de um acesso de raiva da criança também pode ser muito reconfortante para ela. Por exemplo, a mãe de um menininho de 3 anos atrasou-se muito para buscá-lo na escola em um determinado dia. Aparentemente, o menino reagiu muito bem ao atraso da mãe e quando esta chegou à escola para buscá-lo, ele não demonstrou nenhum descontentamento ou ansiedade. Porém, na hora do jantar, o menino teve uma forte crise de raiva, simplesmente porque não tinha macarrão! A mãe em princípio não entendeu nada, esperando que o filho se acalmasse, o que só aconteceu depois de muito choro.

Repentinamente, ocorreu à mãe que a verdadeira razão da crise do filho talvez não tivesse sido a comida que havia no jantar, e sim o atraso para buscá-lo na escola aquele dia. Pensando isso, depois que o filho estava mais calmo, a mãe perguntou lhe:

– Você ficou chateado porque eu atrasei hoje na escola?

O menino não respondeu nada, mas colocou o dedo na boca e foi aconchegar-se no colo da mãe. Com sua atitude pareceu confirmar a suspeita da mãe, mostrando o quanto se sentiu desamparado, assustado e com raiva pela situação do atraso ocorrida na escola. Seus sentimentos foram "contidos" por ele mesmo dentro de si, até que explodiram mais tarde. O fato de a mãe colocar-lhe em palavras as verdadeiras razões de sua crise provavelmente fez com que ele se sentisse compreendido e acolhido.

Ao final dessa fase, perto do seu 6º aniversário, a criança já mostra maior capacidade de tolerar frustrações e insatisfações, pois adquire maior amadurecimento. Seu autocontrole aumenta e seus sentimentos geralmente não se manifestam com a mesma força de antes. Ela começa a ingressar em uma fase mais tranquila.

A retirada das fraldas

Um momento muito significativo na vida da criança é quando chega a hora de retirar suas fraldas e ensiná-la a usar o banheiro. De modo geral, a idade recomendável para iniciar o treino diurno para a retirada das fraldas é de aproximadamente 2 anos. Nessa fase, a maior maturidade física e psicológica da criança facilita a nova aprendizagem. Como em todos os estágios do crescimento infantil, os processos não devem ser apressados. O desgaste e nível de tensão serão muito maiores quando a criança ainda não estiver pronta para viver as experiências que fazem parte de seu desenvolvimento natural.

Os pais logo percebem os primeiros sinais de que o filho está preparado para iniciar o processo de retirada das fraldas: estas ficam mais tempo secas, a criança nessa etapa já é capaz de verbalizar suas necessidades e de entender as orientações dos adultos, além

A formação da personalidade – A criança de 1 a 5 anos

de mostrar-se mais receptiva às regras e normas que lhe são apresentadas. Trata-se do resultado de um longo e complexo desenvolvimento físico, intelectual e psicológico.

Ao revelar seu desejo de urinar ou defecar, por exemplo, mostrando tensão nas pernas, inquietude, ou colocando a mão nos genitais, a mãe pode apresentar ao filho o penico (ou o pequeno assento colocado sobre o vaso sanitário) de modo convidativo, para que ele não se sinta forçado ou pressionado.

A paciência e capacidade de deixar que tudo siga seu ritmo natural é a melhor receita para o sucesso dessa aprendizagem. Às vezes, a pressa e ansiedade dos pais para que o filho adquira rapidamente o controle da bexiga e do intestino fazem com que eles atrapalhem, sem perceber, um processo que ocorreria com normalidade.

É claro que os pais não podem impedir o surgimento das próprias ansiedades, elas fazem parte de toda experiência de paternidade e maternidade. Mas se tentarem percebê-las e compreenderem o motivo de estarem tão ansiosos, pode ser muito útil. Por exemplo, os pais podem encarar a aprendizagem dos filhos como se fosse uma avaliação de sua própria capacidade de serem bons pais. Então, se o filho aprende rapidamente, é sinal de que tiveram sucesso como pai e mãe, mas se ele demora mais para conquistar suas aquisições, isso significa para eles próprios que falharam. Mas essas são "fantasias" dos pais, fazem parte de seus julgamentos internos, não são baseadas na realidade. Cada criança é uma e, portanto, fará suas aprendizagens e aquisições em seu ritmo próprio. Basta esperar o momento em que a criança estará pronta para alcançar cada etapa, o que certamente ocorrerá.

A retirada das fraldas

O processo de aquisição do controle urinário e fecal tem uma significação psicológica importante para as crianças. Em primeiro lugar, é porque elas descobrem nessa fase o prazer obtido na região do ânus. Defecar e reter as fezes passam a ser formas de prazer que a criança procura explorar.

Em segundo lugar, a urina e as fezes passam a representar para a criança produtos corporais "valiosos", isto é, algo que ela produz em seu corpo e que adquire nessa fase diferentes significados pessoais, dependendo de seus sentimentos, de suas experiências e das reações dos outros. Assim, a criança que quando convidada pela mãe para usar o peniquinho deposita nele suas fezes e urina, pode sentir que deu um "presente" à mãe, algo que esta desejava, o que é reforçado pela reação de contentamento que ela provoca na mãe.

Essa passa a ser uma das formas que a criança encontra nessa fase para expressar seu amor e gratidão à mãe e à família. Intuitivamente, a mãe se dá conta de que o filho espera que ela valorize seus produtos corporais, por isso são comuns os rituais que tanto agradam as crianças, como a mãe "dar tchau" para o cocô, que some quando ela dá a descarga. A criança gosta muito de ver que seus produtos não são vistos como algo feio e sujo, mas sim algo que é valorizado pelos familiares. Essas experiências vão ajudando a consolidar na criança a crença de que ela possui em seu corpo coisas boas e valiosas, o que estimula seus sentimentos de amor próprio e eleva sua autoestima.

Mas haverá também os momentos em que a criança desejará demonstrar à mãe sua raiva, seu ressentimento por algo, como, por exemplo, pelo fato de a mãe ter "arranjado um irmãozinho" para ela. Nessa hora, ela poderá usar sua urina e suas fezes como espécies de

A formação da personalidade – A criança de 1 a 5 anos

"armas" para mostrar à mãe esses seus sentimentos, depositando-as no tapete limpinho da mãe, ou na banheira onde esta gosta muito de relaxar de vez em quando! Ou poderá reter suas fezes, percebendo que com isso ela aborrece a mãe e a frustra em suas expectativas.

Uma menininha de 2 anos e meio logo percebeu que sua mãe tinha grande expectativa de que ela se acostumasse a usar o banheiro e largasse definitivamente suas fraldas. Rapidamente essa menininha adquiriu o controle da urina e das fezes e pedia para ir ao banheiro sempre que sentia necessidade. Enquanto ficava sentada no vaso sanitário, costumava pedir à mãe que ficasse lendo livrinhos para ela.

Havia ocasiões, entretanto, em que as duas ficavam muito tempo no banheiro esperando que a menininha defecasse, até que ela dizia:

– A vontade acabou!

Após pouco tempo, quando já vestida, as fezes lhe "escapavam" na calcinha e ela reagia achando graça e dizendo à mãe com certo tom de zombaria:

– Olha o que eu fiz!

A mãe ficava muito contrariada nessas situações, mas evitava fazer qualquer repreensão à filha.

Um dia essa menina estava brincando com algumas amigas de "mamãe e filhinha" com suas bonecas, quando a mãe ouviu que elas começaram a dar muitas risadas. Aproximando-se delas, a mãe ouviu que elas riam porque sua filha tinha dito que a boneca-filhinha tinha "colocado cocô" na bolsa da boneca-mamãe e tinha "emporcalhado tudo". A mãe lembrou-se então das vezes em que a filha retinha suas fezes e de-

A retirada das fraldas

pois as fazia nas calças, e entendeu essa "fantasia" da filha de que suas fezes podiam representar, em alguns momentos, instrumentos para "sujar e emporcalhar" a mãe, motivada por algum sentimento de raiva ou hostilidade contra ela.

Existem muitos exemplos como esse no dia a dia das mães com seus filhos, afinal, nenhuma relação é feita só de amor e gratidão, e a relação mãe-filho não escapa a essa regra. Raiva, mágoa, ressentimento, são sentimentos naturais e universais, que fazem parte de toda relação humana, incluindo as relações pais-filhos desde que as crianças são bem pequenas.

Portanto, atendendo por vezes às expectativas dos pais de que aprenderam a usar o peniquinho, outras vezes não, as crianças vão apresentar oscilações nessa fase, com momentos mais tranquilos e outros mais turbulentos. Momentos em que os pais dirão:

– Agora ele não precisa mais das fraldas!

E logo em seguida novos "acidentes" porão toda a certeza dos pais por água abaixo!

O mesmo costuma suceder com o treino noturno, que se inicia aproximadamente aos 3 anos de idade. Chega o momento em que os pais percebem que as fraldas amanhecem pouco molhadas ou até mesmo secas. É então que chega a hora de deixar a criança dormir sem elas, não sem antes conversar sobre o fato. Explicar à criança que agora ela poderá usar o banheiro à noite (ou um peniquinho disposto perto da cama) sempre que sentir necessidade. Estimulá-la para isso e elogiá-la quando o fizer é sempre interessante. Porém, como muitas "escapadas" à noite são comuns, principalmente no início, os pais devem esperar por isso, evitando censurar ou brigar com o filho nessas ocasiões. Com paciência e otimismo de que tudo vai dar certo, o sucesso total é uma questão de tempo!

A formação da personalidade — A criança de 1 a 5 anos

Mesmo depois de ter adquirido o controle das fezes e urina, são comuns as "escapadas" ao longo de toda essa fase que se prolonga até os 5 anos da criança. Os pais não precisam preocupar-se se isso acontecer de vez em quando. O importante é não repreender duramente a criança nessas ocasiões, evitando-se que um processo normal comece a sofrer interferências que podem atrapalhar aquilo que tende a ser passageiro. Conversar com a criança dizendo-lhe que não se esqueça de prestar atenção na vontade de urinar ou defecar e que ela pode chamar a mãe, ou quem estiver cuidando dela, para pedir para levá-la ao banheiro, são formas de estimulá-la para que, gradualmente, isso se torne um hábito natural.

É preciso levar em conta que circunstâncias estressantes na vida da criança podem provocar "colapsos" temporários em sua evolução psicológica. Por exemplo, muitos pais já tiveram a experiência de ver o filho sofrer alguma regressão em seu comportamento após o nascimento de um irmão. Ele passa a agir novamente como um bebê, ou uma criança menor, pedindo o seio da mãe ou voltando a molhar as calças. Trata-se de uma regressão temporária, fruto da insegurança da criança em perder sua importância afetiva para os pais. A renovação da segurança da criança, ajudada pela compreensão dos pais e sua aceitação das dificuldades transitórias do filho, levará à retomada da evolução psicológica, momentaneamente interrompida.

Em alguns casos, a circunstância externa que provocou uma "recaída" no controle urinário ou fecal não é tão óbvia, mas pode ser útil detectá-la, se possível. Pode ser em virtude de uma mudança na professora da escolinha, ou uma doença da mãe, ou qualquer outra situação que gerou alguma ansiedade na criança. Fazer essas observações pode ajudar os pais a compreender melhor as reações de seu filho e a não se angustiar muito com essas "recaídas" e oscilações normais do desenvolvimento psicológico de toda criança.

A retirada das fraldas

Os pais não precisam procurar manuais e receitas de como proceder para retirar as fraldas de seus filhos. Geralmente os manuais contêm muitas regras fixas, com procedimentos que devem ser seguidos passo a passo. O maior problema do uso desses manuais é quando os pais deixam de utilizar sua sensibilidade e intuição para se prender às normas contidas no manual.

Nada pode substituir a percepção sensível dos pais e a aprendizagem que eles obtêm através do contato com seu próprio filho. Nenhum pai ou mãe nasce sabendo como ser pai e mãe, e a melhor maneira de aprendê-lo é vivendo a experiência e se permitindo errar de vez em quando. Com os erros, pode-se aprender muito. Além disso, cada criança é única, evoluindo de maneira particular em seu desenvolvimento, o que requer que os pais conheçam quem é e como é *aquela* criança, no mais das vezes bastante diferente das outras, como pais de diversos filhos bem o sabem.

A criança, normalmente, terá o desejo de fazer uso correto do penico ou do vaso sanitário. Ela vê que os pais a elogiam por isso e deseja atendê-los em suas expectativas. Também ela quer o mesmo, já que constantemente observa o comportamento dos adultos e deseja ser como eles. Por isso, não será necessário forçá-la. Pelo contrário, a insistência excessiva poderá causar na criança a necessidade de se defender contra uma interferência invasiva, provocando dificuldades como a retenção de fezes ou urina, ou a necessidade de uso prolongado das fraldas.

Nessa fase, a criança demonstra um interesse especial por brincadeiras com água, terra, areia, tinta, massa e argila. Dar à criança a oportunidade para manusear esses elementos e desenvolver muitas brincadeiras com eles será de grande auxílio para ela.

A formação da personalidade – A criança de 1 a 5 anos

Eles permitem um deslocamento, para objetos e situações externas, do interesse da criança por seus produtos corporais.

Assim, enquanto brinca com água, despejando-a em potinhos ou qualquer recipiente, a criança experimenta a vivência de um controle que ela está buscando ter com sua própria urina. A massa, a terra e a argila permitem que ela possa expressar, de um modo aceito pelos pais, seus desejos de sujar e lambuzar, que ela vem tentando conter nessa fase em que precisa aprender a ser limpa. Ou seja, são brincadeiras que ajudam a criança a lidar com os aspectos próprios da fase que está vivendo.

A impossibilidade de ultrapassar bem essa fase, como todas as outras no desenvolvimento infantil, poderá deixar consequências psicológicas para o futuro adulto em que se transformará a criança. Por exemplo, algumas pessoas que, nessa fase, sentiram seus produtos corporais predominantemente como algo sujo, mau e danoso, podem desenvolver-se com a sensação de que seus conteúdos internos, incluindo seus pensamentos, desejos e sentimentos, são maus e destrutivos, precisando controlá-los e reprimi-los.

Já ultrapassar bem essa fase trará benefícios psicológicos para o indivíduo. A sensação de possuir coisas boas interiormente, o que é tão importante para a autoestima; a aceitação dos próprios sentimentos contraditórios, alguns resultantes do lado mais "feio, sujo e perverso"; a liberdade para ser quem é, sem o sentimento de submissão a normas e preceitos impostos externamente, são algumas das conquistas psicológicas que essa fase proporciona. Para isso, nada como um ambiente acolhedor, seguro e paciente!

Chegou a fase do "não"!

Coincidindo com o processo de retirada das fraldas, a criança costuma ingressar em uma etapa em que o "não" é a sua palavra preferida. Isso se dá porque nessa fase ocorre uma mudança na percepção que ela tem de si mesma e em sua relação com o mundo. A criança começa a se dar conta de que possui certo controle sobre o ambiente. A mãe espera dela uma aceitação das normas relativas a horários e locais para a realização de suas necessidades de micção e evacuação, e ela percebe que pode obedecer ou não, ou seja, ela tem um relativo domínio sobre si e sobre o mundo.

A criança encontra grande prazer nessa descoberta. Ela não é mais tão passiva no mundo, e sim mais ativa, evoluindo de uma etapa recente em que era um bebê dependente da mãe, para outra em que ela se vê mais independente e podendo ser a "senhora" da situação!

A formação da personalidade – A criança de 1 a 5 anos

Como resultado, a criança desejará exercer plenamente seu novo poder. Sentirá grande prazer e satisfação no exercício da oposição. Serão muitos os "nãos" que os pais ouvirão dela:

— Vamos tomar banho?

— NÃO!

— Coloque esta roupa!

— NÃO, quero esta!

— Quer ir à casa da vovó?

— NÃO!

Mesmo que ela queira muito ir à casa da avó, preferirá demonstrar sua capacidade de comando!

Certamente, as crianças tornam-se bem mais trabalhosas nessa fase. Suas atitudes testam a paciência e tolerância dos pais, muitas vezes chegando até o limite delas! Sem falar nos dias em que o pequeno resolve dizer não a tudo, bem naqueles momentos em que a mãe está com pressa, precisando contar com a colaboração dele! Ou ainda após um longo dia estressante...

No entanto, as crianças não se comportam assim à toa. Existe uma significação psicológica importante nessas atitudes, que é o desejo de adquirir o sentimento de autonomia e independência, uma conquista necessária no desenvolvimento emocional infantil. Isso faz parte do crescimento da criança, pois implica em mais uma etapa em direção à progressiva separação da mãe. Implica também em descobrir-se como

Chegou a fase do "não"!

uma pessoa independente, que tem necessidades, características e desejos próprios. A autonomia é uma conquista importante no desenvolvimento de cada um, necessária para a aquisição de um firme sentimento de identidade, isto é, de saber "quem eu sou e como sou".

Não é fácil lidar com as crianças nessa fase. Os pais percebem a necessidade de colocar limites aos desejos de comando dos filhos, caso contrário, eles se tornarão "pequenos tiranos", donos de um poder sobre os pais, que eles não têm qualquer condição de administrar.

Por outro lado, o fato de sabermos que as crianças, nessa etapa, estão buscando algum tipo de autonomia e independência em seu comportamento de oposição pode fazer-nos considerar que elas também precisam encontrar oportunidades de experimentar essa nova conquista. Ao perceberem que às vezes podem afirmar a própria vontade, que podem ser ouvidas em seus desejos e necessidades, as crianças experimentam a sensação de serem importantes, de serem mais crescidas e independentes. Elas passam a desejar fazer escolhas e a querer realizar coisas por si mesmas, afirmando para os outros e para si próprias que são capazes e que não são mais bebês dependentes. É como se isso representasse a conquista de um lugar mais amplo na família e no mundo. Um lugar como uma pessoa mais autônoma, com um sentimento mais firme de "eu sou".

Como tudo que se refere à educação de filhos, não existem receitas de como os pais devem agir. Há momentos em que não há outro jeito a não ser dizer ao filho que

A formação da personalidade – A criança de 1 a 5 anos

ele precisa fazer algo e pronto! Já em outros, os pais percebem que podem ser mais flexíveis e maleáveis.

Uma menininha de 2 anos e meio estava brincando com papéis e giz de cera, quando a mãe pediu que ela fosse tomar banho. Sua resposta foi o invariável "não!" que ela começou a dizer fazia uns meses. A mãe percebeu, porém, que a filha estava muito entretida em sua atividade, parecendo-lhe algo importante para ela. Propôs então à filha que terminasse seu desenho e aí fosse tomar seu banho. Para sua surpresa, a filha não se opôs mais: terminou seu desenho e se dirigiu ao banho. A mãe se deu conta de que, naquele momento, foi importante à filha sentir que a mãe, simplesmente, considerou sua vontade.

Oferecer à criança algumas oportunidades de afirmação da própria autonomia e independência favorece a criação de um sentimento de liberdade de "ser", de maior espontaneidade e criatividade, além do sentimento de conquista de um lugar próprio no mundo. Ajuda a criança a ir gradualmente formando sua identidade, seu "eu", percebendo-se como alguém que possui traços e características que a diferenciam dos pais, dos irmãos e de todos os outros seres humanos.

Sexualidade

Há muitos anos se sabe que as crianças possuem desejos e sensações sexuais e que isso é perfeitamente normal. Na infância, a sexualidade não é igual à do adulto. Outras áreas do corpo, que não os órgãos genitais, provocam maiores sensações de prazer à criança, por exemplo a boca e o ânus. Esses são prazeres chamados de "autoeróticos", pois a criança encontra a satisfação de seus desejos sensuais em seu próprio corpo, não precisando de um parceiro para isso.

Mas os órgãos genitais também são regiões do corpo que provocam sensações de prazer na criança. Desde bebês elas exploram o próprio corpo e logo descobrem o prazer que mexer em seus genitais lhes dá. Nos bebês meninos, por exemplo, é possível observar ereções do pênis, o que é normal.

As masturbações são realizadas pelas crianças desde cedo. Fazem parte das explorações do próprio corpo e da descoberta das regiões sexualmente mais sensíveis.

A formação da personalidade – A criança de 1 a 5 anos

Os pais não precisam preocupar-se se seu filho pequeno se masturba, esfregando os genitais quando está sentado, por exemplo. A única razão para se preocupar é quando a masturbação se torna compulsiva, isto é, realizada de forma contínua e violenta. Nesses casos, pode ser que a criança esteja angustiada e pode ser necessário averiguar o que está ocorrendo emocionalmente com ela.

Quando a criança pequena começa a se masturbar na frente dos outros, os pais percebem que precisam conversar com ela, a fim de ajudá-la a perceber que ela pode buscar o prazer que essa atividade lhe oferece, mas que isso deve ser algo particular e privativo. A criança pequena não tem ainda as "censuras internas" das crianças maiores e dos adultos, por isso ela não sente tanta necessidade de esconder seus impulsos e desejos sexuais.

A excitabilidade da região genital vai intensificando-se ao longo do crescimento infantil, chegando a seu auge por volta dos 3 aos 5 anos de idade. Nessa fase, a criança dirige seu desejo sexual principalmente para o genitor (pai ou mãe) do sexo oposto ao seu. Trataremos mais tarde sobre isso, quando falarmos sobre o "triângulo amoroso". Por ora, vamos falar de jogos e brincadeiras sexuais infantis, que passam a ocorrer com maior frequência a partir da intensificação da sexualidade genital.

Muitos de nós recordamos nossas próprias brincadeiras infantis de "médico e paciente", de "namorar e beijar na boca", de "ver o coleguinha pelado", entre outras em que expressávamos e satisfazíamos nossas curiosidades sobre a sexualidade. Essas brincadeiras são muito comuns nessa fase que vai dos 3 aos 5 anos, aproximadamente, pois através delas as crianças experimentam, entre si, sensações e prazeres ainda novos e desconhecidos. São brincadeiras que ajudam as crianças a conhecer melhor o próprio corpo e a própria sexualidade.

Os pais sabem que não devem repreender ou castigar o filho ao surpreendê-lo realizando esses jogos e brincadeiras, o que poderia prejudicar o desenvolvimento de sua sexualidade. O importante é observar se os jogos sexuais estão avançando além de certos limites, causando angústias na criança. Nesses casos, a interferência dos pais pode trazer um alívio para ela.

Por exemplo, os pais de uma menina de 4 anos perceberam que ela e mais 2 meninos da mesma idade, que eram vizinhos, estavam sempre brincando escondidos no quintal de casa, e quando alguém se aproximava, eles paravam o que estavam fazendo e começavam todos a rir. Até que um dia a mãe viu que eles abaixavam as calças e um mexia nos genitais do outro. Isso começou a se repetir em várias ocasiões e os pais perceberam que a filha, apesar de animada com a brincadeira, ficava depois muito agitada e ansiosa, não parando quieta, falando e rindo muito alto, como querendo chamar insistentemente a atenção sobre si.

Percebendo que a brincadeira estava afetando e possivelmente angustiando a filha, os pais decidiram conversar com ela explicando-lhe que, apesar daquilo que ela fazia com os amigos ser muito "gostoso", ela era ainda pequena para isso e precisava crescer mais para fazer essas "coisas" que os adultos fazem.

A formação da personalidade — A criança de 1 a 5 anos

A partir disso, resolveram interferir e desviar a atenção dela e dos amigos quando se reuniam, propondo jogos e brincadeiras e procurando impedir que tivessem oportunidade de ficar muito tempo a sós. Com isso, os pais notaram que a filha sentiu até certo alívio, pois aquelas brincadeiras, apesar de excitantes, estavam trazendo angústias à menina.

Apesar de colocarem um fim à brincadeira, os pais tiveram o cuidado de não censurar a filha pelo que estava fazendo. Puderam mostrar a ela que compreendiam que aquilo lhe proporcionava sensações prazerosas e que não a condenavam por isso. A sexualidade das crianças não deve ser reprovada ou reprimida, para que elas não cresçam com vergonha, medo e culpa por seus desejos sexuais. Mas ao mesmo tempo os pais puderam perceber que um excesso de excitação sexual pode deixar a criança confusa e angustiada. Por esse motivo, é interessante tomar alguns cuidados para não estimular ou intensificar a sexualidade da criança. Ver revistas pornográficas, mexer nos órgãos sexuais dos pais, são algumas das situações que devem ser evitadas.

Alguns pais se perguntam se devem tomar banho com os filhos ou andar nus na frente deles. Isso depende muito de cada família, mas é sempre bom observar as reações da criança. O que pode ser muito natural para os pais pode não ser para o filho. Por exemplo, o menino pode começar a se angustiar com a pequenez de seu pênis em comparação com o do pai, ou sentir-se confuso com a curiosidade e excitação que um banho com a mãe lhe desperta. Ele provavelmente demonstrará esses sentimentos, seja através de sua fala ou de seu comportamento. Quando os pais percebem que essas situações estão causando angústias na criança, talvez seja melhor evitá-las.

A relação com o pai

Durante o crescimento da criança, a relação com o pai vai crescendo em importância. Ela vai conhecendo cada vez mais seu pai, percebendo que pode fazer muitas coisas com ele e sente muito prazer em sua companhia. Um pai presente, participativo e amoroso faz com que a criança se sinta mais segura e confiante. Cada vez mais, ela se vincula intensamente ao pai e sente o conforto de obter dele afeto, carinho e apoio emocional.

O pai também ajuda muito nessa fase em que a criança está tornando-se mais independente e necessita separar-se um pouco da mãe. Sua interferência na relação entre a mãe e o filho ajuda para que a criança ganhe mais autonomia, cresça psicologicamente e vá aos poucos deixando de manter com a mãe um vínculo mais infantilizado. O pai põe alguns limites à relação "de grude" mãe-filho, tendo um papel muito importante

A formação da personalidade – A criança de 1 a 5 anos

para seu crescimento. Ele interferirá nos momentos em que a criança avançar limites, quando ficar excessivamente manhosa e exigir muito da mãe ou quando tiver muita dificuldade para aceitar qualquer separação em relação a ela.

Por exemplo, um menininho de 3 anos de idade não estava adaptando-se ao fato de ter de dormir em seu próprio quarto. Todas as noites, a mãe o colocava na cama e esperava até que dormisse, pois ele não aceitava que ela saísse de lá enquanto estivesse acordado. Após poucas horas de sono, ele se levantava e ia aconchegar-se junto à mãe em sua cama. Dormia ao lado dela, sugando o polegar e segurando-a pela mão. A mãe ficava tocada pela atitude do filho e permitia que ele dormisse ao lado dela pelo resto da noite.

Mãe e filho estavam encontrando dificuldade para abandonar o tempo em que ele era um bebê. Como essa situação estava prolongando-se por muito tempo, tornando-se um hábito, o pai resolveu interferir e começou a levar o filho para sua própria cama à noite. Ou quando o via entrar no quarto do casal, já o fazia voltar para seu próprio quarto. O filho chorava e protestava, mas por fim aceitou o fato de ter de dormir a noite toda em sua própria cama.

Essa atitude do pai foi muito importante para o crescimento do filho. O desejo inconsciente, tanto da mãe quanto do filho, de manterem-se vinculados como na época em que ele era um bebê estava impedindo que a criança pudesse evoluir em seu desenvolvimento. Chega um momento em que algumas separações em relação à mãe são necessárias para que a criança possa avançar em seu amadurecimento. Isso é im-

A relação com o pai

portante para criar nela a noção de ser alguém separado e diferente da mãe, ou seja, para que ela possa construir sua própria identidade. A entrada do pai na relação mãe-filho ajuda muito para que esse processo de separação ocorra e para que o "eu" da criança vá se formando.

Mas a mãe também pode ajudar muito para que a relação do filho com o pai vá se fortalecendo. Estimular para que façam algumas atividades juntos, para que tenham momentos entre eles, sem que a mãe tenha de estar sempre presente, é um bom meio de ajudar a criar um laço estreito entre o pai e seu filho. Algumas vezes a mãe pode ser tão afetuosamente ligada ao filho que, sem perceber, afasta-o do pai. Porém é importante que a mãe perceba isso, pois assim poderá colaborar para que a relação da criança com o pai se intensifique e fique cada vez mais estreita.

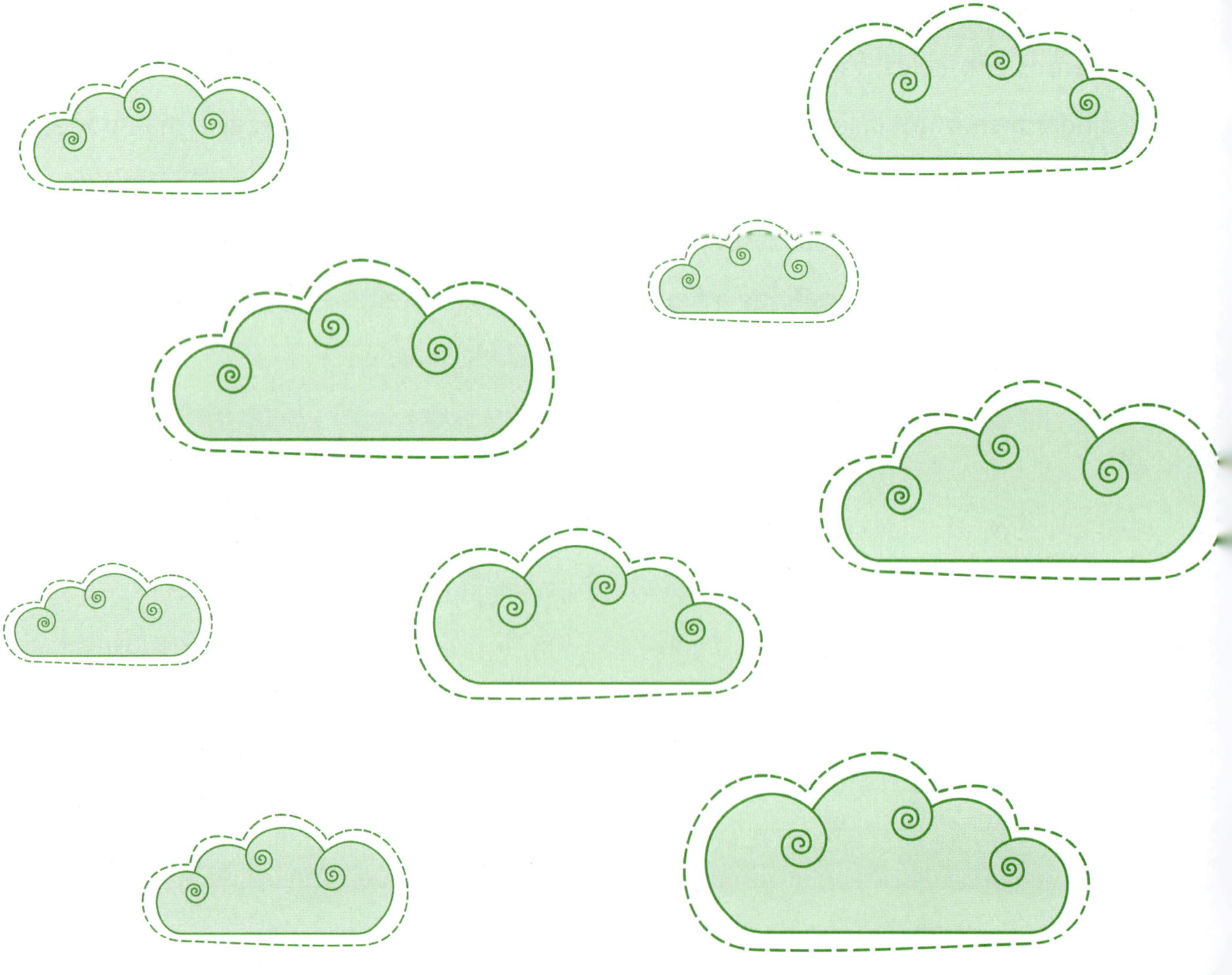

O "triângulo" amoroso

O estreitamento da relação entre o pai e a criança também vai ajudando para que se estruture uma vivência muito importante para o desenvolvimento infantil, que é a da relação triangular mãe-pai-filho. Assim que a criança percebe que entre seus pais existe uma relação amorosa e que ela não participa dessa relação, ela se vê na ponta de um "triângulo" e sente muito ciúme dos pais. Quem nunca viu uma criança querendo interpor-se entre os pais quando estes estão conversando entre si ou se beijando e abraçando? Essas reações são mais visíveis em algumas crianças do que em outras, mas todas elas possuem sentimentos de ciúme dos pais, pois são vivências universais e naturais. Toda criança deseja ser tudo para aqueles a quem ela mais ama.

O amor da criança aos pais revela um caráter "sensual" e passa a ser diferenciado conforme o sexo da criança. A menina ama apaixonadamente o pai e quer retirar a mãe

A formação da personalidade – A criança de 1 a 5 anos

de seu caminho para ter o pai só para si. O menino sente essas mesmas coisas com a mãe e o pai é que passa a ser seu rival, a quem ele quer superar em muitas coisas.

Passam a ser comuns nessa fase comportamentos de evidente competição com o pai (ou mãe) rival. Por exemplo, o menino pode sentir-se muito vitorioso quando ganha do pai em uma luta, acreditando que isso o torne mais forte do que ele. A menina pode fazer questão de dizer à mãe que ela está "muito velha", querendo superar a mãe em juventude e beleza.

Mas, ao mesmo tempo, a criança ama ambos os pais, podendo sentir-se culpada e assustada ao perceber em si esses sentimentos mais competitivos para com um dos pais. Por isso, algumas crianças que estejam envolvidas com todos esses sentimentos podem apresentar, por exemplo, dificuldades para dormir, chamando os pais e exigindo sua presença durante a noite. Além de desejar separá-los em função de seu ciúme, ela pode estar angustiada por seus sentimentos de raiva e rivalidade por quem ela ama. Mas, como já foi dito, é importante que se evite levar a criança para a cama dos pais. Se for levada a acreditar que pode, efetivamente, atrapalhar a relação entre o casal de pais, a criança se sentirá mais angustiada.

Não é incomum que algumas famílias de pais separados conservem o hábito de o filho dormir com a mãe, ou que isso ocorra quando o pai viaja. Do lado da mãe, ela pode achar isso muito natural, mas seu filho pode estar sentindo algo como "estou tomando o lugar de meu pai em sua ausência". Por mais que isso não seja verdade, a criança pode imaginar isso (não de modo consciente) e poderá vivenciar culpa ou

O "triângulo" amoroso

medo em relação ao pai. Afinal, ele é só um menininho e não pode "bancar" o peso que é ser o pai na vida da mãe! Tudo isso pode ser aplicado também no caso da menina que dorme com o pai. Evitar incentivar os desejos naturais da criança de posse do pai (ou da mãe) amado(a) é muito bom para que ela consiga solucionar bem os conflitos que toda essa situação emocional naturalmente provoca.

Preocupados com essas questões, os pais muitas vezes se perguntam até onde devem permitir as demonstrações de carinho "sensual" dos filhos para com eles. Ao mesmo tempo que não querem reprimir o filho em suas expressões espontâneas de sexualidade e afeto, também percebem que algumas vezes precisam colocar algum limite a elas.

Por exemplo, um menininho de 3 anos vivia insistindo que era o namorado da mãe. Queria beijá-la e abraçá-la muitas vezes e sempre que o pai aparecia, ele o repelia, afirmando que agora seria ele quem ficaria com a mãe. Os pais encaravam esse comportamento do filho de forma natural, já que sabiam que ele faz parte das vivências infantis.

Só que o filho passou a não se contentar mais em não ser "de fato" o namorado da mãe e começou a se interpor intensamente entre os pais. Não aceitava dormir na própria cama, querendo dormir entre os pais na cama do casal, procurava fazer carícias no seio da mãe e por todo o seu corpo, até que os pais viram a necessidade de colocar um limite à situação. Começaram a impedir sua presença diária na cama do casal e suas carícias erotizadas à mãe, explicando-lhe, de modo amoroso e sem censurá-lo, que ele era o filho de sua mãe e não poderia ser seu namorado, pois o pai era seu marido. Isso foi importante para que o filho pudesse perceber, por fim, que ele não poderia tirar o

A formação da personalidade — A criança de 1 a 5 anos

pai de seu lugar na relação com a mãe. Essa aceitação, que envolve a frustração dos desejos da criança, é fundamental para seu desenvolvimento psicológico saudável.

Apesar do ciúme da criança da relação dos pais, ela fica muito tranquila e aliviada quando percebe que entre eles existe uma relação feliz e amorosa. É lógico que os pais brigam e discutem de vez em quando e as crianças costumam ficar muito atentas a essas situações. Porém, quando ela percebe que, apesar das brigas e discussões, os pais têm uma relação boa e respeitosa, ela pode ficar muito mais tranquila ao viver seu ciúme, sem medo de ser capaz de separar os pais. Ela vai percebendo que nada abala a segurança que a relação familiar lhe dá e pode construir, em sua mente, um modelo de casal feliz e amoroso, o que vai ajudá-la muito em sua vida futura.

Mas o pai e a mãe não são para o menino e a menina, respectivamente, apenas rivais. Eles são também modelos de identificação muito poderosos. O menino quer ser como o pai, dirigir o carro como ele o faz, imitar as expressões verbais que o pai usa... Da mesma forma, a menina quer usar o batom da mãe, andar com seus sapatos... A criança os admira, deseja imitá-los e ser como essas pessoas que lhe parecem tão cheias de valor! Essas identificações serão muito importantes para a formação da identidade sexual da criança, que vai construindo-se passo a passo.

As crianças sentem a necessidade de ser valorizadas pelos pais em seus atributos masculinos ou femininos. Assim, quando a menina percebe que o pai se encanta com sua graça e beleza, sente-se estimulada e valorizada em sua feminilidade, favorecendo que esta se torne uma característica pessoal harmônica e bem-aceita. O mesmo ocorre

Perguntas e curiosidades

quando o menino se orgulha de demonstrar à mãe sua força e capacidades masculinas e ver no olhar dela a admiração que espera receber.

Não é à toa que nessa fase as crianças procuram adotar em suas brincadeiras as características que são próprias a seu sexo e que as tornam parecidas com o pai ou com a mãe. Os meninos adoram brincar de ter "superpoderes" e de ser invencíveis, assim como seu pai é visto por eles. As meninas brincam de ter nenéns, de trocá-los e de cozinhar para eles, da mesma forma como suas mães são capazes de fazer.

As diferenças entre as brincadeiras de meninos e meninas ficam mais evidentes nessa fase, mostrando a identificação da criança com seu próprio sexo. Meninos interessam-se por futebol, lutas, brincadeiras de espada, bola, soldados, pilotos e motoristas. As meninas brincam de cuidar de bonecas, interessam-se por maquiagem, brincadeiras de loja, de professora e aluno, e muitas outras coisas femininas.

Os pais às vezes se preocupam quando seu filho apresenta interesses em realizar brincadeiras próprias do sexo oposto, pensando que ele poderá tornar-se homossexual. Essa preocupação costuma ser mais acentuada quando se trata de um menino, revelando alguns preconceitos que incorporamos. Por isso, ao verem o filho brincando com uma boneca, por exemplo, os pais ficam angustiados e o forçam a abandonar a brincadeira. Mas o mesmo pode acontecer quando os pais veem sua filha interessada em jogar futebol e brincar de luta. Porém, isso não é motivo de preocupações. As crianças normalmente invertem os papéis em muitos momentos, pois todos os meninos podem identificar-se com as meninas e vice-versa.

A formação da personalidade – A criança de 1 a 5 anos

Essa capacidade de identificação com as pessoas do sexo oposto tem uma função importante na vida de qualquer indivíduo. Um homem que é capaz de ter atitudes de ternura e acolhimento para com os outros, características normalmente atribuídas ao sexo feminino, poderá desenvolver ótimas relações interpessoais e familiares. Uma mulher com capacidade de iniciativa, força e decisão, características consideradas "masculinas", poderá usar essas características para se desenvolver em diversas esferas de sua vida.

Portanto, os pais não precisam afligir-se se vez por outra seu filho quiser trocar de papéis com o sexo oposto. Só há razão para preocupação se a criança tentar negar persistentemente o próprio sexo. Nesses casos, é importante averiguar o que está provocando na criança uma "recusa" para aceitar o fato de pertencer a seu sexo. Por exemplo, pode haver na família uma desqualificação do genitor do mesmo sexo da criança, levando a uma dificuldade de identificação com ele.

Perguntas e curiosidades

São tantas as coisas que a criança quer saber, conforme ela vai descobrindo o mundo! A criança saudável é curiosa, interessada em tudo o que vê e percebe a sua volta. A curiosidade é um elemento natural na infância, que estimula o desejo de conhecimento e a inteligência.

São muitos os tipos de pergunta que a criança faz para satisfazer suas curiosidades, desde o porquê de a lua estar "redonda" hoje, de o mar ter ondas, de os pássaros voarem, até as perguntas relacionadas à morte e à sexualidade. Muitas delas são difíceis de responder, por exemplo quando a criança quer saber o nome da maior estrela do universo, e os pais têm de dizer que não sabem, mas que podem se informar. Esse reconhecimento dos pais de não saberem tudo é importante, pois a criança pode ver que, ao contrário do que ela imagina, seus pais não sabem tudo. Tal situação pode

A formação da personalidade — A criança de 1 a 5 anos

ajudá-la a ter uma imagem mais realista dos pais, convivendo melhor também com suas próprias limitações. Ao mesmo tempo, o fato de os pais se disporem a se informar sobre o assunto oferece à criança um modelo de conduta que valoriza e estimula o espírito investigativo, necessário para a obtenção de conhecimento.

As perguntas sobre morte costumam deixar os pais aflitos, sem saber como responder, mesmo porque, para muitas pessoas, esse é um assunto doloroso e angustiante. Mas os pais devem usar suas próprias concepções sobre a morte, incluindo suas crenças religiosas, para responder as perguntas dos filhos. O cuidado que deve ser tomado é o de evitar as ideias de ameaças e castigos, muitas vezes associadas à morte e à figura de Deus, que tanto mal fazem às crianças. Internamente, a criança possui suas próprias fantasias e figuras imaginárias terríveis e assustadoras, e estimular tudo isso pode fazer com que ela carregue em si o peso de viver sob a opressão interna de ameaças e de castigos imaginários.

O tema da sexualidade pode ser um dos mais atrativos para a criança e um forte alvo de sua curiosidade. Algumas crianças fazem perguntas francas e abertas sobre o assunto, outras não, o que não quer dizer que elas não se interessem sobre isso. Devemos lembrar que as famílias são diferentes no que se refere à forma com que tratam do tema da sexualidade, o que também interfere em como as crianças lidam com o assunto.

A curiosidade sobre a diferença entre os sexos, relacionamento sexual e procriação é parte natural da vida infantil. As crianças querem saber como o bebê foi parar na barriga da mamãe e como vai sair de lá, o que os pais fazem quando estão sozinhos, os meninos querem saber como são as meninas e vice-versa etc.

Perguntas e curiosidades

As crianças pequenas são muito perspicazes e observadoras, atentas a tudo o que acontece. Elas veem os pais se abraçarem e se beijarem, e fecharem a porta do quarto quando vão dormir... Elas logo percebem o caráter sexual do relacionamento dos pais, além de que elas mesmas experimentam sensações de excitabilidade nos órgãos genitais, o que estimula sua curiosidade sobre o assunto. Muitas das ideias da criança sobre a relação dos pais são fantasiosas, criadas por sua mente ainda repleta de desconhecimentos e por seus próprios impulsos e desejos. Por exemplo, a criança pode imaginar que o bebê que está na barriga da mãe é fruto de um beijo que os pais trocaram.

A curiosidade sexual pode levar a criança a fazer muitas perguntas, principalmente se ela for mais desinibida e tiver maior liberdade de expressão. Os pais sabem que nada melhor do que dizer a verdade, numa linguagem apropriada para a capacidade de compreensão da criança, mas capaz de solucionar suas dúvidas e gratificar seus desejos de conhecer sobre o assunto.

Por exemplo, um menino de 3 anos e meio perguntou à mãe como nascem os bebês. A mãe respondeu muito diretamente:

– Pelo buraco que existe entre as pernas das mulheres.

A partir dessa pergunta do filho e de outras que vieram depois, a mãe explicou para ele sobre a vagina e sobre o corpo da mulher. Esse mesmo menino, aos 4 anos, viu na rua o coito de dois cachorros e perguntou à mãe o que eles estavam fazendo. A mãe lhe respondeu que eles estavam "fazendo amor" e que era assim que tanto os animais como os seres humanos faziam bebês. Essa franqueza dos pais nas respostas aos fi-

A formação da personalidade – A criança de 1 a 5 anos

lhos, além de satisfazer seus desejos de conhecimento e suas curiosidades, favorece um contato tranquilo e harmonioso com a sexualidade. Muitas vezes, a dificuldade dos pais para falar com os filhos sobre esses assuntos se deve às próprias repressões dos pais, que podem levá-los a se sentir muito constrangidos em função de seus sentimentos culposos e envergonhados pela própria sexualidade.

Alguns livros infantis sobre vida sexual são muito úteis para ajudar os pais a explicarem aos filhos sobre o tema. Mas é sempre importante ler junto com a criança, pois ela poderá fazer perguntas e querer saber mais informações a partir da leitura. Usar os nomes que a criança geralmente utiliza para se referir aos órgãos genitais e evitar explicações muito teóricas e científicas também ajuda para que as informações sejam mais bem assimiladas pela criança.

É sempre bom tentar focalizar sobre as perguntas que a criança faz e que demonstram suas dúvidas e incertezas, sem tentar estender para uma ampla explicação sobre o assunto, que pode não corresponder aos reais interesses da criança naquele momento. Aguardar a manifestação da curiosidade da criança, quando houver, para então responder suas perguntas pode ser mais interessante.

As crianças que possuem sua curiosidade satisfeita através de respostas diretas e verdadeiras podem ampliar cada vez mais seus desejos de saber sobre os mistérios do mundo e da natureza, o que serve de grande estímulo para suas capacidades intelectuais.

A chegada de um irmãozinho

A experiência de ganhar um irmão é muito significativa e marcante para qualquer criança. Desde a gravidez da mãe, quando os pais lhe comunicam que ela vai ganhar um irmão, a criança passa a ter vários sentimentos. De um lado, ela pode ficar enciumada, pois entende que um novo bebê entrará para a família e que ela terá de dividir a atenção e o carinho dos pais com o recém-chegado. Por outro lado, há crianças que costumam adorar a novidade! Muitas ficam logo orgulhosas por saberem que terão um irmãozinho e criam diversas expectativas de que ele será um companheiro para elas. Após o nascimento do irmão, as crianças também têm uma mistura de sentimentos, como ciúme e alegria, raiva e afeição ao irmãozinho.

Os pais podem esperar pelas reações de ciúme e insegurança que fazem parte das vivências normais de toda criança que vive essa experiência. Mesmo que algumas

A formação da personalidade – A criança de 1 a 5 anos

crianças não demonstrem abertamente seus sentimentos de ciúme, elas certamente os possuem em algum lugar de suas mentes.

Mas as reações da criança frente ao nascimento de um irmão dependem de muitos fatores, entre eles sua idade. Quando ela é bem pequena, de apenas 1 ou 2 anos, sua reação tende a ser mais intensa. Nessa fase, a criança geralmente é muito ligada à mãe e muito dependente dela também. A vinda de um novo bebê pode ser vivida pela criança como uma ameaça de perder subitamente seu lugar de bebê, que ela ainda ocupa na família. É lógico que, com o tempo, ela acabará por enfrentar o fato e se adaptar a ele, mas é sempre bom compreender as reações de ciúme, por vezes intensas, que as crianças pequenas demonstram frente a essa situação.

O ciúme e a insegurança da criança pequena nem sempre se apresentam na forma de hostilidade e agressão aos pais e ao bebê, embora essa seja uma forma bastante comum. Mas pode haver outras reações, como ficar mais irritada, "chorona", excessivamente apegada à mãe, apresentar dificuldades alimentares ou de sono, querer ser novamente amamentada ao seio quando já foi desmamada, chupar mais a chupeta ou o dedo etc.

Essas reações são também comuns quando a criança é um pouco mais velha, com 3, 4 ou 5 anos. Algumas voltam a apresentar alguns comportamentos mais regredidos, agindo como bebês, pedindo muito o colo dos pais, perdendo o controle urinário e fecal, tornando-se mais exigentes e possessivas etc.

Porém, a criança maiorzinha já desenvolveu alguns recursos que lhe permitem lidar melhor com seu ciúme. Já faz algum tempo que ela não é mais um bebê e adquiriu muitas

A chegada de um irmãozinho

capacidades novas através de seu desenvolvimento, das quais ela se orgulha. Portanto, a regressão em seu comportamento pode ser mais passageira, já que ela entra em conflito com seu desejo de ser maior, mais crescida, e de usar suas novas capacidades. Além disso, ela pode entender melhor a situação, pode aceitar mais o fato de a mãe precisar dedicar-se ao irmãozinho, pode falar sobre o que ocorre e expressar melhor seus sentimentos.

De qualquer modo, seja qual for a idade da criança, seus sentimentos de ciúme e de medo de perder seu lugar no afeto dos pais serão contrabalançados pela sensação de ser amada e querida, pela percepção de ser única e insubstituível para os pais. Essa confiança da criança foi sendo construída na relação com a família, o que lhe deu condições para enfrentar melhor as situações de estresse e de ansiedade durante seu desenvolvimento, como, por exemplo, a do nascimento de um irmão.

Os pais sabem que podem ajudar, e muito, seu filho a lidar com o ciúme. A primeira coisa importante a fazer é contar a ele a novidade desde a gravidez da mãe. As crianças são muito intuitivas e logo percebem qualquer alteração no estado da mãe, mesmo que de forma inconsciente. Podendo conversar sobre o fato e expressar suas ideias e dúvidas, as crianças vão assimilando a novidade e podendo sentir-se incluídas nos acontecimentos que envolvem a vida familiar. Elas também podem planejar junto com os pais como será depois que o bebê nascer, participando dos arranjos e preparativos para a vinda do irmão.

Após o nascimento, o ciúme da afeição dos pais para com o bebê pode ser minorado com a participação da criança nos cuidados ao irmãozinho, de acordo com sua

A formação da personalidade – A criança de 1 a 5 anos

idade. Os menores podem realizar pequenas ajudas à mãe durante o banho do bebê, por exemplo, dando o sabonete e abrindo a toalha para a mãe. Os maiores podem participar mais ativamente, realizando algumas tarefas, como olhar o bebê para a mãe enquanto ela está no banho e ajudar a trocá-lo. Se esses auxílios não forem obrigatórios e impostos, mas sim realizados de boa vontade pela criança, podem ajudá-la a se sentir valorizada, importante e participante da nova experiência familiar, além de contribuírem para aproximá-la do irmãozinho. Muitas crianças sentem-se orgulhosas de participar dos cuidados ao bebê e desenvolvem sentimentos de amparo e proteção para com ele.

Porém, podemos esperar que, mais cedo ou mais tarde, uma dose de hostilidade apareça na criança. Ela provavelmente necessitará sentir que seu amor ao bebê e à família seja reconhecido, assim como seus sentimentos de raiva e ciúme. É claro que, nessas ocasiões, os pais não permitirão que ela agrida fisicamente o bebê nem a eles próprios, mesmo porque ela poderá depois se sentir muito culpada. Mas também a criança não se sentirá compreendida se for duramente repreendida ou castigada quando expressar seus verdadeiros sentimentos. Conversar com a criança sobre seu ciúme, mostrando que os pais entendem o que ela está passando e que não a recriminam por isso, pode trazer-lhe um grande alívio.

Na medida do possível, é melhor evitar que a criança inicie a vida escolar numa época muito próxima ao nascimento do irmão, ou mesmo que passe alguns dias fora, como na casa dos avós ou indo viajar. A criança poderá interpretar essas atitudes dos

A chegada de um irmãozinho

pais como abandono ou como uma confirmação de suas ideias de que o irmãozinho irá substituí-la de agora em diante. Isso poderá deixá-la angustiada e com muitas dúvidas sobre o amor dos pais em relação a ela.

Quando a criança se mostrar mais carente e com desejos de receber mais atenção dos pais nesse período, eles podem tentar oferecer-lhe uma dedicação especial durante algum tempo. Brincar mais com ela, contar-lhe historinhas, sair com ela para passear e conversar mais, podem ser formas de ajudar a diminuir sua insegurança. A criança pode ficar ressentida se, de uma hora para outra, tiver de se comportar como um "homenzinho" ou uma "mocinha", pois ela também possui suas necessidades infantis de ser cuidada pelos pais.

Porém, é importante que a criança não se sinta tratada como um bebê, que sua regressão temporária não seja estimulada. Tentar atender a todos os seus pedidos, incentivar sua possessividade e fazê-la crer que ela é a preferida são atitudes que, se tomadas pelos pais, não auxiliarão a criança a crescer através da experiência de ganhar um irmão. Ela deve ser incentivada a lidar com seu ciúme e a aprender a partilhar o amor dos pais, o que é uma conquista importante do desenvolvimento emocional.

O modo como os pais lidam com os filhos maiores quando nasce um bebê relaciona-se também à maneira como eles mesmos se sentem diante da experiência. Mimar demais o filho fazendo-o acreditar que ele é o preferido pode ser resultado de os próprios pais estarem identificados com ele, não querendo que ele sofra por sentimentos que consideram muito dolorosos.

A formação da personalidade – A criança de 1 a 5 anos

Mas são diversos os sentimentos que os pais podem experimentar quando ganham outro bebê. Por exemplo, a mãe pode ser tão ligada e envolvida com o primeiro filho que quando nasce o segundo ela pode encontrar alguma dificuldade para abrir um "espaço emocional" dentro de si para ele. Ou o pai, ao contrário, pode ficar tão maravilhado porque chegou um bebê do sexo que ele sempre desejou que ele passa a ter olhos principalmente para o novo bebê. Os pais não podem impedir em si esses sentimentos, mas percebê-los e reconhecê-los pode ajudar, evitando que eles interfiram excessivamente nas relações pais-filhos.

Os pais também ganham muito, assim como as crianças, com a chegada de novos filhos. Podem aprender a dividir afeto, a lidar com as diferenças individuais, a somar experiências. Eles também amadurecem e ganham a recompensa de ver crescer a própria família.

Brincar

Brincar tem um valor inestimável para o desenvolvimento infantil. Ao brincar, a criança realiza a atividade que lhe dá mais prazer e que é fundamental para ela. Por meio da brincadeira a criança conhece o mundo, expressa sua forma própria de ser, desenvolve sua criatividade, lida com suas emoções... Enfim, são muitos os benefícios proporcionados pela brincadeira, por isso às crianças devem ser dadas muitas oportunidades de brincar.

Mas elas não precisam de brinquedos caros e sofisticados, pois com quaisquer objetos, por mais simples que sejam, as crianças criam inúmeras brincadeiras, por meio das quais podem expressar algo de si mesmas. Por exemplo, com alguns soldadinhos de plástico e pedacinhos de madeira, a criança pode criar uma "guerra", em que mocinhos e bandidos expressem seus diferentes sentimentos nos vínculos que ela possui com as pessoas. Ou com um lençol ela pode criar uma tenda, dentro da qual ela e seus

A formação da personalidade – A criança de 1 a 5 anos

amiguinhos se imaginam no meio de uma floresta mágica, criando assim uma situação em que ela se sente livre e poderosa.

Dessa forma, quando brinca, a criança expõe vários de seus sentimentos, principalmente aqueles que se relacionam com suas experiências mais marcantes. Por exemplo, uma criança que acabou de ganhar um irmãozinho pode estar vivendo alguns conflitos diante da situação e, através da brincadeira, ela pode expressar seus sentimentos mais verdadeiros, e assim assimilá-los melhor dentro de si mesma. Uma boneca poderá representar simbolicamente o irmãozinho e a criança agirá com ela de acordo com seus sentimentos mais genuínos. Poderá cuidar da boneca e se identificar com a mãe nessa hora, mas poderá também bater e maltratar a boneca, expressando seu ciúme e raiva daquele que, de seu ponto de vista, veio tomar seu lugar. Muitas vezes, depois de maltratar a boneca, ela poderá pegar o irmão, abraçá-lo e beijá-lo, pois seus sentimentos de culpa foram despertados, assim como seu amor pelo irmão. Todas essas atividades propiciadas pela brincadeira ajudam a criança a enfrentar melhor as situações e a conviver mais harmoniosamente com seus sentimentos.

A criatividade infantil é amplamente estimulada por meio do brincar, favorecendo a espontaneidade da criança. Dessa forma ela pode crescer com um sentimento de ser genuína e livre para se expressar. As crianças ocupam a maior parte de seu tempo brincando. Com um adulto, com outras crianças ou sozinhas, é o que elas mais adoram fazer. Quando são pequenas, as crianças sentem-se muito felizes quando os pais dedicam um pouco de seu tempo para brincar com elas. Ao ler um livro para a criança, andar de bicicleta com ela, fazer uma montagem em conjunto, os pais estão estimulando o filho e criando com ele um momento de contato e intimidade que corresponde a uma necessidade de toda criança.

A entrada na escola

A idade com que cada criança inicia sua vida escolar varia muito. Algumas ingressam na escolinha ainda bebês, logo após a licença-maternidade da mãe, quando esta precisa retomar suas atividades de trabalho. Outras passam mais tempo de sua infância em casa, perto da mãe, da avó ou de alguém que cuide delas, entrando na escola um pouco mais crescidas. Não existe uma idade ideal para colocar a criança na escola e isso vai depender das necessidades e do desejo de cada família.

Seja como for, o início da vida escolar é sempre marcante para a criança e também para os pais, pois envolve uma separação em relação à mãe e à família, o que tem repercussões diferentes para cada uma. Para algumas crianças, essa separação é muito sofrida e dolorosa, o que torna a adaptação à escola mais lenta e difícil. Para outras, a

A formação da personalidade – A criança de 1 a 5 anos

escola representa um mundo cheio de novidades que as encantam, compensando, de certa forma, a dor pela separação da mãe e da família, que sempre vai existir.

A mãe também pode sofrer muito com a separação do filho quando este entra na escola. Algumas mães convivem o dia todo com a criança e a ausência do filho durante o período escolar pode dar-lhes uma sensação de vazio e falta. Além disso, o ingresso do filho na escola significa que ele cresceu e já não precisa tanto da mãe, o que pode ser uma constatação dolorosa para ela.

Por outro lado, o tempo em que a criança fica na escola pode ser aproveitado para realizar outras atividades e algumas mães apreciam muito essa possibilidade. As mães que trabalham necessitam deixar o filho em algum lugar e a escola costuma ser um local de confiança que as deixa seguras, principalmente se elas sentem que lá ele está em boas mãos.

De qualquer modo, quando os pais decidem colocar o filho na escola, é muito interessante que estimulem a criança a suportar as angústias pela separação da família, além do medo que a escola possa lhe causar. A escola representa um mundo novo e desconhecido para a criança, que pode lhe assustar. Mas a ajuda dos pais no sentido de tranquilizar o filho e estimulá-lo a enfrentar seus medos atuará como um importante incentivo para seu crescimento e fará com que, por fim, ele se acostume com o ambiente escolar e acabe gostando muito de conviver com os colegas e com a professora. Retirar a criança da escola porque ela está encontrando dificuldades para se separar do ambiente doméstico não a ajuda a crescer e pode representar para ela um modelo de reação de fuga frente às dificuldades, que ela tenderá a repetir em outras ocasiões.

A entrada na escola

As angústias dos pais pela entrada do filho na escola podem apresentar-se por dúvidas e inseguranças, falta de confiança na escola, "pena" do filho, temor de que ele sofra, entre outras reações. Mas é importante que os pais estejam atentos para seus sentimentos, pois as crianças são muito perspicazes para detectar as angústias dos pais. Elas terão mais dificuldade para superar as próprias inseguranças se perceberem que os pais também estão muito aflitos e ambivalentes.

Por outro lado, a tranquilidade e confiança dos pais de que tudo correrá bem e de que estão fazendo o melhor para o filho serão transmitidas a ele, ajudando-o a enfrentar melhor essa fase. Para que isso aconteça, é muito importante que os pais procurem uma escola que corresponda a suas expectativas e que lhes transmita confiança, tanto em suas propostas pedagógicas quanto em sua maneira de lidar com as crianças.

O início da vida escolar requer um período de adaptação para a criança. É muito interessante promover uma adaptação gradual, em que o tempo de permanência na escola vá aumentando aos poucos, para a criança ficar mais tranquila e segura de que os pais retornarão todo dia para buscá-la. Assim, ela perceberá que não os perdeu para sempre, o que costuma ser uma fantasia própria dos pequenos nos primeiros dias em que são levados à escola. É também interessante que o início da vida escolar não coincida com outros acontecimentos significativos para a criança, por exemplo o nascimento de um irmão, uma viagem mais prolongada dos pais, ou mesmo o desmame. Nesses casos, a criança pode interpretar sua entrada na escola como um abandono ou uma exclusão, sofrendo muito por isso e podendo até desenvolver uma forte aversão à escola.

A formação da personalidade — A criança de 1 a 5 anos

A partir de uma boa adaptação, a criança certamente aproveitará muito as horas em que estiver na escola. O mundo escolar propicia muitas coisas às crianças. Ele apresenta diversos estímulos a suas capacidades intelectuais, motoras e linguísticas, favorecendo o desenvolvimento da criança. Além disso, a escola propicia o relacionamento com outras crianças, o que é muito bom e prazeroso para elas.

É muito enriquecedor para as crianças conviverem entre si. Desde pequenas, elas gostam muito quando podem brincar juntas, mesmo que, inicialmente, as brincadeiras não envolvam muita interação. Quer dizer, até mais ou menos 3 ou 4 anos de idade, as crianças brincam *ao lado* umas das outras, cada uma envolvida em sua atividade, com pouca colaboração mútua. É somente por volta de 4 ou 5 anos de idade que as crianças começam a brincar umas *com* as outras, desenvolvendo brincadeiras nas quais todas colaboram e interagem.

Mas seja como for o modo de as crianças brincarem quando estão juntas, elas são muito beneficiadas pela oportunidade de conviverem entre si, pois dessa forma enriquecem sua vida e aprendem muitas coisas, como repartir e compartilhar. Os coleguinhas não costumam ser tão complacentes nas brincadeiras como são os adultos e brigam quando querem o brinquedo do outro, exigem que suas vontades sejam satisfeitas e atendidas. Mesmo que isso provoque muitas brigas, choros e gritaria, principalmente quando são pequenas, as crianças vão aprendendo a ceder de vez em quando, pois elas também querem que os amiguinhos continuem a brincar com elas e não desejam perder o prazer de estar juntas. Começam assim as primeiras aprendizagens do convívio social, tão importantes para o desenvolvimento da sociabilidade da criança.

A entrada na escola

Conviver com outros coleguinhas também ajuda a criança a obter maior conhecimento sobre si mesma. As reações que seus comportamentos causam nos amigos e os efeitos que suas atitudes provocam nos outros devolvem à criança informações importantes sobre si própria e ela pode ir regulando seu comportamento para torná-lo cada vez mais adequado ao convívio social. Ela pode ir percebendo, por exemplo, que sua agressividade mais violenta magoa o amigo, que sua dificuldade para repartir afasta os colegas e muitas outras coisas mais.

Por todos esses motivos, a escola é um grande auxílio para o desenvolvimento infantil. Mas ela deve representar para a criança um ambiente alegre e acolhedor, que lhe traga prazer e felicidade pelas horas em que lá permanece. Quando a criança, mesmo após o período inicial de adaptação, mostra-se insatisfeita e infeliz ao ir à escola, é necessário averiguar o que está ocorrendo. Pode ser uma dificuldade que a criança esteja enfrentando para se separar da família, para crescer, o que a leva a desejar permanecer em casa; pode ser ainda que ela esteja com ciúme de um irmãozinho que fica o dia todo com a mãe; ou alguma outra dificuldade. Nesses casos, é sempre bom conversar com a criança para tranquilizá-la e estimulá-la a enfrentar seus conflitos e angústias.

Mas pode haver também algum problema relacionado à escola, por exemplo uma dificuldade de entrosamento com a professora, com os colegas, ou alguma situação de tensão na escola, que a criança não esteja conseguindo verbalizar. Por isso, nesses casos é sempre bom os pais entrarem em contato com a escola para conversar sobre o problema do filho, a fim de encontrarem juntos suas razões e as formas de ajudar a criança.

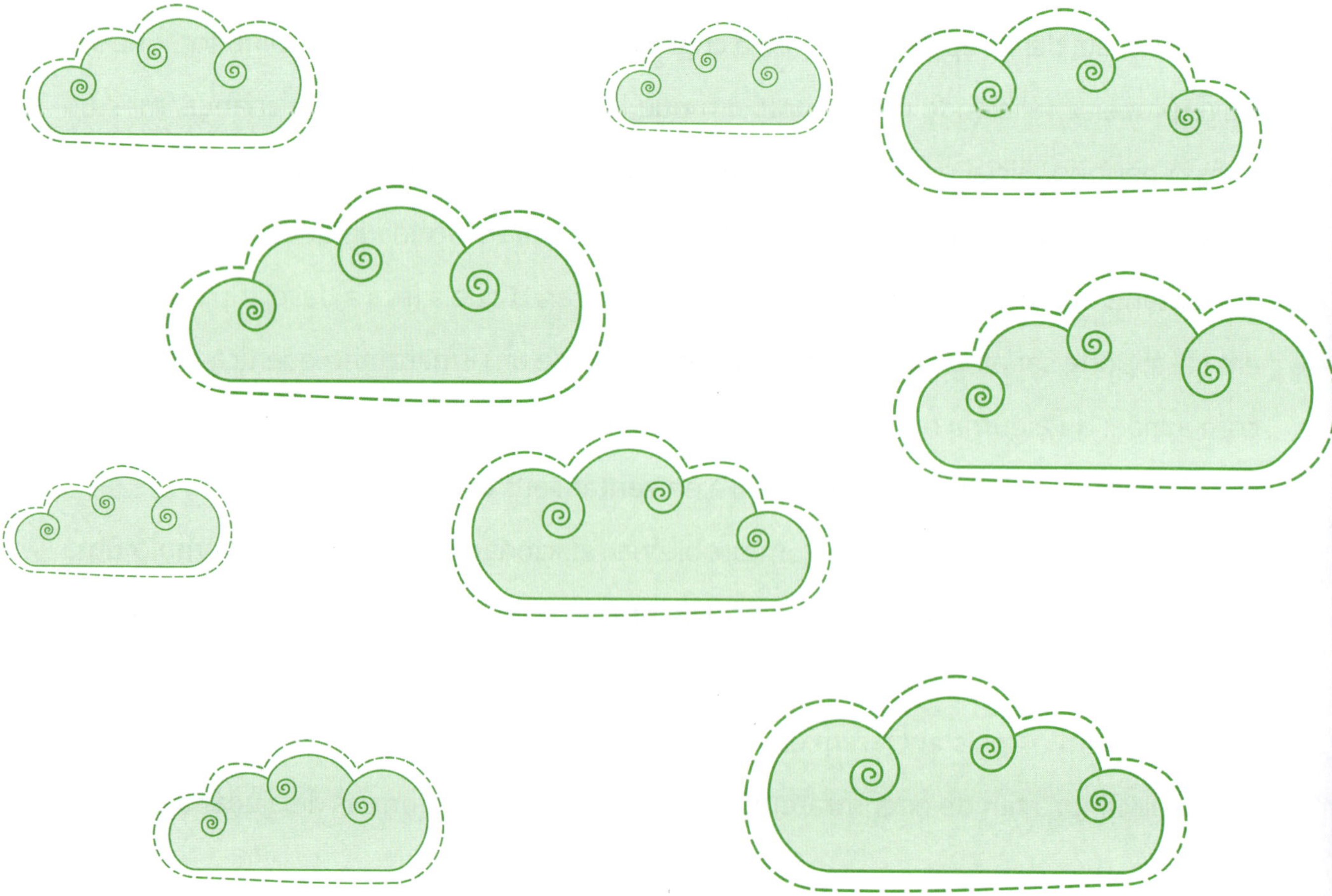

Progressos no desenvolvimento motor, intelectual e da linguagem

A fase que vai de 1 a 5 anos de idade envolve muitas evoluções no desenvolvimento infantil, em todas as áreas. No plano motor, a criança adquire as habilidades de andar, correr, saltar, manipular pequenos objetos, subir e descer escadas e se equilibrar com desenvoltura. Suas novas capacidades motoras lhe dão grande liberdade e autonomia, fazendo com que ela fique muito menos dependente dos pais.

Como os movimentos amplos se desenvolvem antes dos movimentos finos, as habilidades para realizar trabalhos manuais levam um tempo maior para se desenvolver e aperfeiçoar. Assim, a criança terá mais dificuldades para costurar e amarrar os sapatos do que para correr e saltar, embora ela esteja adquirindo aos poucos as capacidades

A formação da personalidade – A criança de 1 a 5 anos

motoras finas. Devagar, ela vai aprendendo a dar laços no tênis e a encaixar contas em uma linha, por exemplo.

Sua preferência por uma das mãos vai evidenciando-se e é importante que os pais aceitem quando o filho é canhoto e não tentem forçá-lo a usar a mão direita. Isso acarretaria um grande sacrifício à criança, que teria de lutar contra uma tendência natural.

O desenvolvimento da linguagem é gigantesco nessa fase. O vocabulário vai aumentando muito e a criança passa a empregar milhares de palavras e a aplicar em sua fala a maior parte das regras básicas da gramática. Embora ela ainda cometa erros, como no uso dos pronomes (ela pode falar "Dá o brinquedo pra eu" ou "O brinquedo é pra mim ver"), suas realizações são extensas no desenvolvimento da linguagem. A partir dos 6 anos de idade, as mudanças que ocorrerão são mais no refinamento do que na aquisição de novas capacidades linguísticas.

Algumas crianças são mais "tagarelas" do que outras. Isso faz parte da personalidade de cada uma. Mas quando a criança fala muito pouco, os pais podem estimulá-la a falar, não tentando sempre adivinhar o que ela quer dizer ou se adiantando a ela. É importante que ela seja levada a expressar verbalmente suas necessidades. São formas pelas quais os pais ajudam a criança a crescer e se apropriar de suas capacidades mais evoluídas.

A melhor maneira de os pais contribuírem para o desenvolvimento da linguagem da criança é falando com ela. As crianças fazem muitas perguntas aos pais e é sempre bom tentar respondê-las de modo correto. Por exemplo, um menino viu o pai pregando um prego na parede. Quis então saber por que o pai estava fazendo aqui-

Progressos no desenvolvimento motor, intelectual e da linguagem

lo, por que ele segurava o prego para martelar, quanto o prego tinha de entrar na parede etc. O pai estava ocupado com sua atividade, mas tentava responder ao filho suas perguntas. Disse-lhe que aquilo era para colocar um quadro novo, que segurava o prego para dar firmeza etc. As crianças sentem-se felizes e consideradas quando os pais dão importância a suas perguntas e questionamentos, e não lhes dizem sempre algo como:

– Você está me atrapalhando!

A aquisição da linguagem propicia muitas coisas às crianças. Elas passam a compreender melhor os acontecimentos a seu redor, falando sobre eles. Podem agora se referir às coisas do mundo sem a presença concreta dessas coisas. Isso representa uma importante evolução da capacidade simbólica do ser humano.

O desenvolvimento da linguagem ocorre passo a passo com toda evolução da capacidade intelectual da criança. No início dessa fase, sua inteligência se desenvolve por meio de experimentações sensoriais e motoras, por isso é importante oferecer à criança espaço e oportunidades de movimentos, além de uma série de objetos para que ela possa manipular. As escolas maternais sabem disso e procuram realizar com as crianças pequenas atividades em que possam correr, pular, rolar, brincar com areia, massinha de modelar ou argila, montar blocos, fazer colagens, recortes, desenhos com lápis e giz de cera em papéis de diversos tamanhos, cores e texturas.

Todas essas atividades estimulam intensamente a criatividade da criança, principalmente se ela tiver ampla liberdade para elaborar seus trabalhos e produções, sem

A formação da personalidade – A criança de 1 a 5 anos

que sejam dirigidos ou tenham de seguir qualquer padrão. Criatividade e inteligência andam de mãos dadas, pois uma estimula a outra.

Apesar de adquirir muitos progressos em seu desenvolvimento intelectual, o pensamento da criança tem ainda um caráter "mágico", isto é, não se baseia muito na veracidade dos fatos e não exige sua comprovação na realidade. Por isso, a criança é capaz de acreditar em figuras imaginárias, como a do Papai Noel ou do coelhinho da Páscoa, sem questionar suas possibilidades reais de existência. Tudo isso faz parte de uma etapa do desenvolvimento infantil, da qual alguns adultos se lembram como um período "mágico" e encantador.

À criança deve ser dada a liberdade de acreditar e fantasiar muitas coisas, pois tudo isso enriquece seu mundo e estimula sua imaginação e criatividade. Chegará naturalmente o momento em que a criança questionará a veracidade das figuras lendárias e das histórias fantasiosas, e então uma nova fase será iniciada, com a presença da realidade se impondo e com a aquisição do pensamento lógico e racional. Mas isso deve ser deixado mais para frente.

Educação e limites

A educação dos filhos é uma preocupação constante dos pais, que desejam oferecer às crianças as condições necessárias para que elas se transformem em cidadãos íntegros, responsáveis e adaptados à vida em sociedade. Mas a educação de uma criança não é tarefa fácil e muitas vezes os pais ficam com uma série de dúvidas e incertezas. Perguntam-se frequentemente coisas como:

— Quando devemos estabelecer limites?

— Quanto devemos ser rigorosos?

— Até que ponto podemos ser maleáveis?

— O que devemos permitir e o que não podemos aceitar?

— Devemos usar castigos físicos?

— A partir de que idade as crianças são capazes de compreender as regras que lhes ensinamos?

A formação da personalidade — A criança de 1 a 5 anos

Mas o fato de os pais terem tantas dúvidas é um bom sinal. Significa que estão empenhados nessa tarefa de educar seus filhos. Embora nem sempre encontrando as respostas para suas incertezas e sabendo que têm de se permitir errar de vez em quando, os pais assumem o papel de educadores dos filhos, tarefa que ninguém pode e nem deve realizar por eles.

A educação de uma criança começa desde seu nascimento e nem sempre nos damos conta disso. No estabelecimento de uma rotina na vida do bebê, de uma ordem que os pais empregam em seu dia a dia, eles já estão incluindo os filhos em um mundo com regras e costumes. Com o crescimento, novas normas vão entrando automaticamente na vida das crianças, como as regularidades de horários para comer e dormir, o estabelecimento de espaços adequados para fazer cada atividade, a aprendizagem de hábitos, a organização da casa... Quando não excessivas e nem muito rígidas, as regras dão segurança às crianças e a sensação de permanência das coisas do mundo em que vivem. Também as fazem sentir-se cuidadas e amparadas.

Desde bem pequenas, as crianças já se defrontam com os impedimentos e com os limites:

— Não pode mexer no vaso da mamãe!

— Não pode derrubar água no chão!

— Não pode bater no priminho!

— Não pode pôr o botão na boca!

Com aproximadamente 1 ano, elas já conseguem compreender que existem coisas que os pais permitem e outras não. Mas como já dissemos, as crianças pequenas dificilmente aceitam ser impedidas de fazer o que elas querem. Elas ainda vivem dominadas pelo "princípio de prazer", ou seja, elas buscam satisfazer seus desejos, suas curiosidades, seus impulsos naturais. Se ela tiver vontade de mexer no barro e se molhar na poça de água, ela o fará, não se importando com o fato de que sujará a roupa limpinha que a mãe acabou de lavar! Ela é ávida por conhecer o mundo e não deseja ser restringida em seus impulsos e desejos.

Porém, os pais terão de lhe apresentar os limites necessários, até mesmo para protegê-la dos riscos que corre em sua ânsia de viver e conhecer tudo, mas sabendo que não se pode exigir muita aceitação e obediência de sua parte. Às vezes os pais de uma criança de pouco mais de 1 ano dizem:

— Ela é muito rebelde e desobediente!

Na verdade, não se trata de rebeldia e desobediência, apenas a criança ainda não atingiu um estágio do desenvolvimento que lhe permita renunciar mais facilmente aos seus ímpetos e vontades.

Isso virá com o tempo e com o crescimento, fazendo com que as crianças se tornem cada vez mais capazes de atender às normas colocadas pela família. Elas vão amadurecendo aos poucos, compreendendo a importância de cada norma e adquirindo diversas capacidades, como a de esperar e conviver com limites, impedimentos... Uma criança de 2 anos não consegue esperar muito tempo para ganhar o brinquedo que ela deseja, uma de 5 anos consegue esperar um pouco mais e uma de 10 anos é capaz de aguardar até o aniversário, que só virá daqui a meses... Sabemos que não podemos exigir de uma criança mais do que seu desenvolvimento e maturidade possibilitam.

A formação da personalidade — A criança de 1 a 5 anos

Portanto, considerar a idade da criança é importante ao se estabelecer regras e limites e exigir seu cumprimento. Como querer que uma criança de 3 anos fique quietinha por duas horas, assistindo a uma palestra com os pais? Como exigir que uma criança de 2 anos reparta todos os seus brinquedos com os filhos das visitas que chegaram? Levar em conta a capacidade da criança para o cumprimento de regras e deveres é fundamental, a fim de que os pais não tenham expectativas irreais que os frustrem nem deixem os filhos sentindo-se culpados por não conseguirem corresponder àquilo que os pais esperam deles.

A criança tratada com respeito e afeto vai desenvolvendo a capacidade de se preocupar com as pessoas que ama, o que torna bem mais fácil conseguir sua aceitação das regras familiares. Ela deseja ser acolhida e amada pelos pais e não quer desapontá-los. Logo ela se torna colaboradora em casa, sendo cada vez mais capaz de assumir responsabilidades adequadas a sua idade e de contribuir positivamente com a família.

É justamente pela grande necessidade de se sentir amada pelos pais que a criança nunca deve ser ameaçada de perder esse amor. Conseguir a aceitação da criança das normas dos adultos por meio da ameaça de que, caso contrário, ela deixará de ser amada é uma tortura à qual nenhuma criança deve ser exposta. Essa ameaça geralmente parece muito real para a criança, gerando conflitos que a fazem sofrer muito.

É também importante evitar que a criança seja humilhada ao receber uma repreensão, fazendo com que ela se sinta inferiorizada aos olhos dos pais. Ela deve ser levada a compreender que o que os pais reprovam é seu ato e não sua pessoa.

Educação e limites

O castigo físico deve ser sempre evitado. As crianças sentem-se seguras quando os pais adotam posturas firmes e compatíveis com a gravidade do ato que cometeram, porém sem se sentirem humilhadas ou feridas por eles. Como método rotineiro de disciplina, os castigos físicos fazem com que as crianças se sintam agredidas, tornem-se amedrontadas e sejam levadas a repetir comportamentos agressivos em suas relações com os outros, ou, ao contrário, mostrem-se excessivamente submissas. Além disso, a aplicação de punições violentas aos filhos pode gerar nos pais sentimentos de culpa e a necessidade de "compensar" os filhos posteriormente, o que acaba comprometendo o processo educacional que se deseja.

Quando os pais trabalham

A situação familiar tradicional em que o pai saía para trabalhar e a mãe ficava em casa é, atualmente, cada vez mais rara. Os tempos atuais trouxeram muitas transformações na realidade vivida pelas famílias, entre elas, a maior participação da mulher na tarefa de sustento familiar. São cada vez mais comuns as situações em que ambos os pais trabalham fora ou, devido ao alto índice de desemprego em nossa sociedade, é muitas vezes a mãe quem assume sozinha a tarefa de prover o sustento da família.

Quando a mulher se insere no campo de trabalho, diversas cobranças recaem sobre ela, inclusive suas próprias cobranças internas. Hoje, muitas são as mulheres que possuem uma "tripla" jornada de trabalho, na medida em que precisam cuidar da casa, dos filhos e do trabalho, o que não é nada fácil. Alguns maridos são bastante participativos e colaboradores na divisão das múltiplas tarefas da mulher, mas nem todos, e nesses casos pesa sobre ela um grande acúmulo de obrigações.

A formação da personalidade – A criança de 1 a 5 anos

Por tantas tarefas a cumprir, muitas mulheres acabam vivenciando sentimentos de culpa com relação aos filhos. Culpam-se por trabalharem fora e não poderem ficar o dia todo, ou sua maior parte, com eles. Esse sentimento acompanha muitas mães, que se veem em falta com os filhos e se cobram muito. Quando esses sentimentos não são excessivos, podem ajudar e estimular a mãe a refletir sobre maneiras de atender mais aos filhos, de estar mais junto deles e de procurar cumprir, como melhor que puder, seu papel de mãe.

Porém, quando a autocobrança e a culpa materna são excessivas, podem prejudicar muito a mulher. Ela pode ficar recriminando-se e sentir-se muito insatisfeita consigo mesma como mãe, mesmo que na realidade não existam motivos **para ela se sentir** assim. Uma mãe muito culpada provavelmente não conseguirá organizar-se bem para ir trabalhar e cuidar com certa desenvoltura da organização da casa e da rotina dos filhos enquanto estiver ausente. Ficará permanentemente em conflito entre se desenvolver no trabalho e acreditar que deveria estar em casa.

Além disso, os sentimentos de culpa da mãe em relação aos filhos, quando muito acentuados, podem levá-la a tentar compensá-los por sua sensação de falta para com eles. Uma forma comum de fazer isso é pela omissão nos momentos em que seria necessário colocar limites aos filhos. Uma mãe muito culpada pode procurar atender a todos os desejos e pedidos das crianças, como uma maneira de repará-las por sua ausência. Dessa forma, ela pode estar abdicando de uma função imprescindível para a educação e o crescimento dos filhos.

Quando os pais trabalham

As mães não podem evitar seus próprios sentimentos de culpa. Toda mãe gostaria de dar o máximo de si para os filhos, e se frustra muito quando acha que não consegue. Porém, dar-se conta desses sentimentos pode ser útil para que ela não se deixe dominar por eles e possa refletir sobre suas reais possibilidades, encontrando formas de dedicação aos filhos sem se cobrar de ser perfeita.

Toda mãe que trabalha procura conciliar sua vida profissional com os cuidados aos filhos. Geralmente as crianças cujos pais trabalham tornam-se mais independentes, por não poderem contar em seu dia a dia com o acompanhamento dos pais e com sua supervisão constante. Por isso, podem sentir falta de ter os pais mais próximos de sua vida. Porém, muitas atitudes e providências dos pais podem ajudar a minimizar essa falta, entre elas, dedicar algum tempo após o retorno do trabalho para ficar com os filhos e dar-lhes atenção, o que pode tornar-se um hábito diário muito compensador para todos.

Por exemplo, a mãe de uma menininha de 2 anos trabalhava muitas horas por dia, mas procurou um modo de propiciar um tempo agradável com a filha durante as noites. Como era o pai que buscava a filha na escolinha, ela combinou com ele que seria ela quem daria o banho na filha quando chegasse. O banho se tornou um "grande momento" na rotina de mãe e filha. Esta ficava aguardando ansiosamente a mãe voltar, separando diversos brinquedos com os quais iria brincar com a mãe a cada dia no banho. A mãe percebia como aquele momento era gratificante para ambas.

A formação da personalidade – A criança de 1 a 5 anos

Depois do jantar, elas se deitavam um pouco para a mãe ler um livro de histórias para a filha. É claro que esses momentos dedicados à filha tomavam um bom tempo da mãe, que também precisava preparar o jantar e fazer outros afazeres domésticos. Mas ela sentia que, apesar do cansaço, valia a pena, pois ela se sentia muito unida à filha nesses momentos e percebia a felicidade da menina por ter a mãe dedicada exclusivamente a ela, nem que fosse por uma ou duas horas do dia.

Os pais também podem dedicar diversos momentos de seus fins de semana para os filhos, realizando atividades em conjunto e propiciando oportunidades de lazer e união. Devemos lembrar que não é somente a quantidade de horas que os pais passam com os filhos que é importante, mas também sua qualidade. Mesmo não sendo muitos os momentos em que pais e filhos estejam juntos, podem ser muito ricos se envolverem proximidade, atenção e disponibilidade emocional dos pais.

A qualidade da relação pais-filhos envolve também a manutenção das funções parentais na vida das crianças. O afeto, a dedicação, o cuidado e o amparo às crianças, ao lado da educação e colocação de limites, fazem parte das funções parentais necessárias ao desenvolvimento infantil.

Para realizar seu trabalho, os pais precisam decidir com quem deixar os filhos durante o período em que estarão ausentes. Essa decisão depende muito da situação e das condições de cada família. Algumas crianças ficam na escola o dia todo, outras ficam algumas horas sob os cuidados de uma empregada ou de outra pessoa responsável por essa função. Nesse caso, é sempre bom quando os pais conseguem encontrar uma pessoa em

Quando os pais trabalham

quem confiam e que seja capaz de exercer satisfatoriamente essa tarefa. Se os pais puderem instruir bem a pessoa sobre os cuidados que ela deve proporcionar às crianças e sobre como proceder em caso de problemas e dificuldades, tanto de ordem prática como de relacionamento com as crianças, ficarão mais tranquilos para ir trabalhar.

Os pais perceberão a necessidade de supervisionar o dia a dia dos filhos e de intervir em caso de necessidade. Por exemplo, uma senhora que cuidava de duas crianças começou a ter muitas dificuldades, pois não conseguia fazer com que elas a obedecessem e cumprissem suas determinações. Elas se recusavam a comer e se vestir na hora de ir à escola, sendo uma luta levá-las diariamente até a perua escolar que vinha buscá-las. Os pais, sabendo da situação, viram a necessidade de conversar firmemente com os filhos e atuarem de modo a garantir as condições para que a senhora conseguisse cumprir suas funções.

Outras crianças ficam com os avós enquanto os pais trabalham. O vínculo que as crianças estabelecem com os avós é muito enriquecedor para elas. Podem aprender muitas coisas com essas pessoas tão experientes e vividas, pelas quais as crianças normalmente desenvolvem grande afeição. Os avós costumam ser muito carinhosos com os netos, fornecendo-lhes uma continência emocional valiosa. Existe também o fato de que não se sentem muito responsáveis pela educação dos netos, o que lhes permite usufruir com eles dos prazeres da paternidade, sem as obrigações e responsabilidades que cabem aos pais.

Muitos pais reclamam porque sentem que, enquanto eles educam os filhos, os avós "deseducam". Mas isso não é bem assim. É claro que é interessante que entre

A formação da personalidade – A criança de 1 a 5 anos

pais e avôs existam alguns acordos quanto a aspectos prioritários da educação das crianças. Mas sempre existirão diferenças e a criança logo aprende a reconhecê-las, principalmente no que se refere às diferentes maneiras como os pais e os avôs lidam com ela. Percebe, por exemplo, que aqueles a mimam e costumam fazer quase todas as suas vontades, o que não ocorre com os pais. Estes podem até ficar um pouco enciumados desse tratamento tão afetuoso que seus próprios pais dedicam a seu filho, ou temem que este passe a gostar mais dos avôs do que deles. Mas isso corresponde mais às "fantasias" dos pais do que à realidade. Para a criança, os pais serão sempre insubstituíveis; nem mesmo os avôs podem ficar em seu lugar.

Além do mais, a tarefa de educar as crianças pertence principalmente aos pais e não aos avôs, e a criança logo entende isso. E é bom que seja assim, pois a criança pode sentir que os pais estão presentes em sua vida e não entregaram aos avôs as tarefas e as funções que são deles, o que poderia deixá-la com uma sensação de abandono. Sabemos que por mais que proteste, a criança se sente amada através dos cuidados e da educação que recebe de seus pais. Assim como os avôs, os pais dão carinho e afeto à criança, mas eles possuem determinadas funções na vida da criança que os avôs não possuem, pelo menos não com o mesmo nível de responsabilidade.

O filho adotivo

A decisão de adotar uma criança consiste em um ato de grande significado emocional na vida da mãe, do pai, da família e da própria criança. Essa decisão pode ser motivada por inúmeras razões, como o fato de o casal não poder gerar filhos, de desejar uma criança de sexo diferente dos outros filhos, de ter havido a perda de um filho biológico, de a mãe ser solteira e não ter encontrado um parceiro com quem desejasse ter um filho, entre muitas outras razões. De qualquer modo, representa sempre o desejo de ter um filho e de preencher algo importante na própria vida.

Geralmente, a adoção ocorre quando a criança é ainda um bebê recém-nascido, o que é muito bom para ela, pois pode ir acostumando-se com a mãe, o pai e os outros familiares desde muito cedo. Além disso, os vínculos intensos característicos dos primeiros tempos de vida já poderão ser estabelecidos com a mãe, a pessoa que vai desempenhar esse papel para o resto da vida da criança, o mesmo ocorrendo em relação ao pai e ao restante da família.

A formação da personalidade — A criança de 1 a 5 anos

Há outros casos em que a adoção ocorre quando a criança já é mais crescida, o que vai requerer de todos um período maior de adaptação. Os pais precisarão conhecer aos poucos a criança, perceber as características de sua personalidade e aprender a conviver com ela. A criança também necessitará conhecer a nova família, adaptar-se a hábitos, costumes e regras familiares, o que muitas vezes implica em grandes mudanças em sua vida. Toda essa adaptação pode levar um bom tempo, havendo certo "desequilíbrio" na vida de todos até que um novo equilíbrio seja alcançado.

Existe também o fato de que quanto mais crescida a criança, maior é o tempo de sua vida antes da adoção e, portanto, mais numerosas e significativas são as experiências que ela teve anteriormente. A criança leva para a vida com sua nova família as marcas de sua história, muitas vezes permeada por experiências de abandonos e perdas. Todas essas experiências deixam traços na personalidade da criança e vão influir sobre sua maneira de se relacionar com sua família atual. Por exemplo, algumas crianças podem se mostrar, em relação aos membros da nova família, muito sedentas de atenção e afeto, revelando suas carências emocionais pelas faltas sofridas em sua história de vida. Ou elas podem desejar "testar" permanentemente os pais adotivos quanto a sua capacidade de suportar e conter sua agressividade e sentimentos de revolta por perdas e abandonos sofridos, desejando certificar-se de que eles não irão abandoná-la ou rejeitá-la. De várias formas, a criança pode revelar as marcas de sua história de vida e, junto de sua nova família, talvez construir uma nova história, mais feliz e menos sofrida.

O filho adotivo

Muitos pais se perguntam se devem contar à criança que ela é adotiva e, se contarem, quando isso deve ser feito. Na verdade, a criança deve ser informada de sua adoção e quanto mais cedo isso ocorrer, melhor. Desde bem pequenininha, a criança é capaz de compreender a informação de que não nasceu da barriga da mãe, mas de outra mãe, podendo aos poucos assimilar em sua mente essa informação. Muitos estudos psicológicos com crianças adotivas que não tinham conhecimento de sua adoção revelaram que elas sabiam da verdade, mesmo que inconscientemente. As crianças percebem de algum modo que a família esconde algo delas, pois são capazes de captar os segredos familiares, as coisas que não são ditas. Porém, por serem coisas ocultas, geram na mente das crianças muitas fantasias e ideias imaginárias, que podem causar-lhes muitas angústias. Tudo que não pode ser falado passa a ser sentido pela criança como algo muito ruim, tão ruim que não pode nem ser revelado!

Além disso, quando o conhecimento sobre sua adoção é proibido à criança, pode ocorrer uma inibição de sua curiosidade natural. A curiosidade é um elemento indispensável à vida infantil, representando um motor do desejo de conhecimento, pois é ela que gera na criança a vontade de aprender e saber sobre as coisas do mundo. Quando a criança é impedida de ter acesso a uma informação tão importante como é sua adoção, que se refere ao conhecimento sobre sua própria vida e sua origem, pode haver um bloqueio mais extenso de sua curiosidade e desejo de conhecimento, vindo a causar, entre outras coisas, dificuldades de aprendizagem.

O conhecimento da verdade sobre sua adoção permite que a criança, com o tempo, possa ir elaborando o fato em sua mente. Ela poderá conversar com os pais e com

A formação da personalidade – A criança de 1 a 5 anos

quem quiser sobre isso, o que será de grande auxílio para ajudá-la a conviver com sua situação de modo mais tranquilo. A verdade e a transparência nas relações pais-filhos também permitem que se crie maior confiança nos vínculos.

Algumas crianças adotivas ficam muito curiosas para conhecer sua história, sobre os pais biológicos e sobre detalhes de sua vida antes da adoção. Muitas vezes, os pais não conhecem esses fatos e terão de dizer isso ao filho, mas a simples oportunidade de perguntar, de expressar suas dúvidas e fantasias, já é de grande valia para a criança. Por trás do desejo de saber sobre fatos reais, pode estar na verdade o desejo de expor seus sentimentos, conflitos e incertezas relativos a sua adoção, e sentir que os pais acolherão tudo isso é muito tranquilizador para a criança.

Ela pode, por exemplo, querer saber por que sua mãe biológica não ficou com ela, expressando por meio dessa pergunta um "sentimento de rejeição" que ela conserva interiormente, ao imaginar-se "desprezada" pela mãe que a gerou. Isso poderá fazer com que ela sinta necessidade de perguntar muitas vezes aos pais adotivos se eles a amam, querendo certificar-se do amor dos pais e de sua intenção de não abandoná-la como os pais biológicos o fizeram (nem que isso não seja verdade, ela poderá ter essa ideia em seu inconsciente). O fato de os pais compreenderem essas dúvidas e inseguranças do filho, sabendo que elas fazem parte de seus sentimentos mais profundos, faz com que eles tranquilizem o filho aos poucos, levando-o a perceber que o amor não depende de laços biológicos.

O filho adotivo

Alguns pais adotivos podem temer que as curiosidades do filho sobre os pais biológicos levem-no a querer, um dia, procurá-los. Isso pode gerar nos pais temores de perder o filho e eles acabam evitando falar do assunto da adoção com ele. Porém, essas ideias são "fantasias" dos pais, temores que não levam em conta o quanto os vínculos que eles estabeleceram com o filho são inabaláveis. Os pais verdadeiros, para a criança, são aqueles que cuidam dela e com os quais ela vem ligando-se emocionalmente há anos. Não é à toa que os pais costumam referir-se à mãe biológica como a "mãe da barriga" e à mãe adotiva como a "mãe do coração"!

Pelas relações familiares amorosas, a criança adotiva passa a se sentir totalmente integrada à família, vendo-se como parte dela. Algumas crianças são bem diferentes fisicamente dos pais, o que pode fazer com que elas tenham o desejo de se assemelhar mais a eles. Se a criança tiver, por exemplo, os cabelos crespos, pode dizer que gostaria de alisá-los para ficarem iguais aos da mãe. Ou ainda, a criança pode querer adotar uma determinada aparência para agradar os pais.

Por exemplo, uma menininha de 5 anos, filha adotiva de um casal a quem ela era muito ligada e com quem tinha um relacionamento muito amoroso, soube um dia que a mãe, antes de adotá-la, teve um sonho em que estava numa sala de parto tendo um filho loiro, que "parecia um anjo", segundo as palavras da mãe. Passado algum tempo, a menininha disse à professora que queria muito pintar seus cabelos de loiro e a professora não entendeu o motivo. Posteriormente, em conversa com a

A formação da personalidade — A criança de 1 a 5 anos

mãe, elas puderam entender que a menina, ao ter ouvido o sonho da mãe, supôs que esta desejava um filho com cabelos loiros e ela, em seu íntimo, queria "ser esse filho anjo" desejado pela mãe.

Apesar de esses comportamentos serem naturais, é sempre bom quando o filho pode ser ajudado pelos pais a se aceitar do jeito que é e saber que é amado por si mesmo. Isso é importante, pois às vezes o filho adotivo pode crescer com a impressão de que precisaria ser muito diferente de quem ele é verdadeiramente, não só em seu aspecto físico, mas também em sua forma própria de ser, para ser amado e valorizado. Isso pode gerar muito sofrimento a ele, não podendo expressar livremente suas características pessoais e comportamentos que correspondam a seus reais sentimentos, com medo de não ser aceito. Ele pode, por exemplo, achar que precisaria ser muito "bonzinho" o tempo todo, obediente e bem comportado, para que os pais se sintam felizes de tê-lo como filho.

A ajuda dos pais no sentido de estimular seu filho adotivo para ser verdadeiro, natural e espontâneo, sabendo que é aceito do jeito que é, será de grande benefício para seu desenvolvimento.

As dificuldades no desenvolvimento

Todas as crianças já passaram por algum tipo de dificuldade durante seu crescimento. Isso é natural e esperado, pois faz parte do desenvolvimento psicológico a ocorrência de crises, oscilações e problemas de diversos tipos. Por exemplo, algumas crianças já apresentaram dificuldades de sono, chamando os pais diversas vezes à noite, período no qual eles se sentiram muito cansados e esgotados. Outras passaram por crises de cólera intensa, batendo a cabeça nos móveis da casa e explodindo de raiva. Outras tiveram dificuldade para adquirir o controle urinário noturno, acordando diversos dias com a cama molhada. Poderíamos ficar páginas e páginas discorrendo sobre as múltiplas possibilidades de problemas apresentados pelas crianças durante seu desenvolvimento. Portanto, os pais podem esperar por eles ao longo do crescimento dos filhos. Geralmente, basta ter paciência e calma, que eles tendem a desaparecer.

A formação da personalidade — A criança de 1 a 5 anos

Mas quando os problemas são muito persistentes e se agravam além de certos limites, os pais podem precisar discutir o assunto com alguém que não esteja envolvido emocionalmente com a situação. Pode ser um amigo, o professor do filho ou o médico da família, até que possam decidir se deverão recorrer a algum tipo de ajuda profissional mais especializada.

Um problema que aparece em um período específico da vida da criança e depois desaparece sem deixar muitas marcas, ou sem ser logo substituído por outro problema, indica geralmente que a criança superou a dificuldade momentânea que a estava perturbando. Por exemplo, uma menininha de 4 anos muito alegre e que, aparentemente, não tinha qualquer problema psicológico começou a apresentar o comportamento de se masturbar frequentemente. Quando estava vendo televisão ou quando era colocada na cama para dormir, os pais percebiam que ela ficava esfregando a mão ou a coberta nos genitais. A mãe tentou conversar com ela e convencê-la a abandonar esse comportamento, mas não adiantou.

Nessa época, a menina andava muito enciumada da relação entre os pais. Não suportava vê-los juntos, muito menos trocando carícias entre si, o que a deixava com raiva e nessa hora ela ficava muito "emburrada". Os pais pensaram que talvez houvesse uma relação entre esse ciúme da filha e a masturbação. Por isso, procuraram não estimular seu ciúme, evitando abraçar-se ou beijar-se na frente dela. Passado algum tempo, a menina foi diminuindo a frequência da masturbação, até que cessou por completo. Ao mesmo tempo, começou a "conversar" com os pais sobre a relação entre eles, dizendo coisas como:

As dificuldades no desenvolvimento

— Vocês são namorados? Pai, por que você casou com a mamãe? Quando eu crescer eu também vou casar!

Os pais provavelmente tinham razão ao suporem que o comportamento de masturbação da filha estava relacionado a seu ciúme da relação entre eles. Talvez esse ciúme tenha provocado na menina uma intensificação da sexualidade genital, junto com uma ansiedade pelas fantasias, que foram ativadas em seu mundo mental, a respeito da relação sexual. A compreensão dos pais, a resolução de não estimularem o comportamento ciumento da filha e a paciência para aguardarem o desenrolar do problema foram fundamentais para que ele viesse a cessar.

Ao mesmo tempo, a menina revelou uma capacidade importante para elaborar dentro de si seus conflitos e ansiedades: começou a falar sobre o assunto que a estava perturbando. Em sua fala, ela expressou curiosidades sobre a relação entre os pais, a aceitação do caráter amoroso dessa relação e de seu lugar de "fora" da mesma (pai e mãe são "namorados" e o pai escolheu *a mãe* como mulher), além do desejo de se identificar com a mãe ("eu também vou casar quando crescer"). Dessa forma, a situação triangular conflitiva foi ganhando para a menina um caráter mais harmonioso em sua mente e o sintoma que estava revelando suas dificuldades (a masturbação) foi desaparecendo naturalmente.

Às vezes, um problema apresentado pela criança pode ter sido disparado por um fator externo. O nascimento de um irmão, uma mudança de escola, uma doença na família, a separação dos pais, podem representar para a criança situações de estresse, propensas a provocar a emergência de alguns "sintomas" psicológicos.

A formação da personalidade — A criança de 1 a 5 anos

Cada criança reage a seu modo às situações externas, pois estas podem atingir determinadas angústias, fragilidades ou "partes sensíveis" de seu mundo interno. Assim, enquanto uma criança vivencia de forma relativamente tranquila o nascimento de um irmão, outra passa a apresentar uma série de sintomas, como insônia, crises de agressividade e medos exagerados. Enquanto uma criança vive uma mudança de escola apresentando boa adaptação e fazendo rapidamente novos amigos, outra se mostra muito angustiada e sente muita antipatia pela nova professora e pelos colegas que passa a conhecer. E assim por diante.

As experiências de vida nos atingem de diferentes maneiras, o mesmo ocorrendo com as crianças. Quando os pais percebem que uma determinada situação está afetando muito seu filho, podem tentar conversar com ele a respeito do que está havendo, incentivá-lo a enfrentar a dificuldade... Mas muitas vezes o máximo que eles podem fazer é esperar, aguardar com paciência até que a situação seja mais bem assimilada pela criança. Só o fato de os pais não recriminarem o filho por suas dificuldades, de não exigirem que ele se comporte de maneira diferente e de compreenderem sua crise momentânea já é de grande valia.

Mas existem situações em que os pais sentem a necessidade de procurar a ajuda especializada de um psicólogo. Quando a criança é pequena, muitas vezes a simples orientação de um profissional aos pais pode ser suficiente e resultar em melhora nas dificuldades da criança.

É importante lembrar que a infância é um período crucial no desenvolvimento psicológico, pois é quando se criam as sementes de uma vida emocional mais saudável e

As dificuldades no desenvolvimento

equilibrada pelos anos que virão. Portanto, cuidar da saúde psicológica da criança é a melhor prevenção contra os problemas emocionais que tanto afligem o ser humano ao longo de sua existência.

Toda criança carrega em si os germes do desenvolvimento sadio. Basta regá-los e retirar as ervas daninhas que podem atrapalhar o pleno desabrochar de suas potencialidades.

Impressão e acabamento
GRÁFICA E EDITORA SANTUÁRIO
Em Sistema CTcP
Capa: Supremo 250 g – Miolo: Offset 75 g
Rua Padre Claro Monteiro, 342
Tel. (12) 3104-2000 / Fax (12) 3104-2036
12570-000 Aparecida-SP